交通信息与网络安全研究

马　萍　纪建奎　吴凌云　著

哈尔滨出版社
HARBIN PUBLISHING HOUSE

图书在版编目（CIP）数据

交通信息与网络安全研究 / 马萍，纪建奎，吴凌云
著. -- 哈尔滨 : 哈尔滨出版社，2023.3
ISBN 978-7-5484-7104-2

Ⅰ．①交… Ⅱ．①马… ②纪… ③吴… Ⅲ．①交通信
息系统－研究②交通网－网络安全－研究 Ⅳ．① U495
② U491.1

中国国家版本馆 CIP 数据核字（2023）第 049443 号

书　　名：交通信息与网络安全研究
JIAOTONG XINXI YU WANGLUO ANQUAN YANJIU

作　　者：马　萍　纪建奎　吴凌云　著
责任编辑：张艳鑫
封面设计：张　华

出版发行：哈尔滨出版社（Harbin Publishing House）
社　　址：哈尔滨市香坊区泰山路 82-9 号　邮编：150090
经　　销：全国新华书店
印　　刷：廊坊市广阳区九洲印刷厂
网　　址：www.hrbcbs.com
E－mail：hrbcbs@yeah.net
编辑版权热线：（0451）87900271　87900272
开　　本：787mm×1092mm　1/16　印张：11.25　字数：240 千字
版　　次：2023 年 3 月第 1 版
印　　次：2023 年 3 月第 1 次印刷
书　　号：ISBN 978-7-5484-7104-2
定　　价：76.00 元

凡购本社图书发现印装错误，请与本社印刷部联系调换。

服务热线：（0451）87900279

前　言

随着科学技术的高速发展，越来越多的高新科技应用在交通领域，为智能交通的发展注入了新的生机和活力，交通信息采集、处理、传输、控制、管理和服务等相关技术的掌握成为研究智能交通的必备条件。

智能交通系统是信息技术在交通领域的应用，涉及通信技术、计算机技术、智能控制技术、管理技术等先进技术的综合运用，将信息技术与交通工程有机结合，需要多学科交叉的知识结构对交通问题进行处理。

从世界上第一台计算机诞生到互联网日益普及的今天，计算机的发展速度突飞猛进，从而把人类文明带入信息时代。随着计算机网络的出现，使人们在获取和传递信息时又多了一种选择，而且是一种能够提供空前"自由化"的选择。它使信息的传播速度、质量与范围在时间和空间上有了质的飞跃。

随着计算机在社会各个领域中的广泛应用和快速发展，网络的普及速度超出了人们的想象，通过网络传输、存储和处理的信息呈几何级数增长，网络已经成为信息社会不可或缺的基础设施。但是网络安全以及网络应用安全一直以来都是人们密切关注的焦点，网络尤其是 Internet 网络的开放性加上系统的缺陷与漏洞、恶意攻击、计算机病毒、工作人员的误操作以及安全意识淡薄等安全威胁的存在，使得基于网络的各种应用，如电子商务、电子政务等安全受到了严重威胁。因此，加强网络安全管理、提高网络安全性和可用性已经成为关系国家安全、经济发展以及社会稳定的一个重大课题，具有重要的战略意义。

由于作者水平有限，书中难免会出现不足之处，希望各位读者和专家能够提出宝贵意见，以待进一步修改，使之更加完善。

目　录

第一章 交通信息概述

第一节 信息与交通信息

一、信息

（一）数据与信息

数据是指某一目标定性、定量描述的原始资料，包括数字、文字、符号、图形、图像以及它们能够转换的数据等形式。信息是向人们或机器提供关于现实世界新的事实的知识，是数据、消息中所包含的意义。

国际标准化组织（ISO）对数据所下的定义是："数据是对事实、概念或指令的一种特殊表达形式，这种特殊表达形式可以用人工的方式或者用自动化的装置进行通信，翻译转换或者进行加工处理。"根据这个定义，就人类活动而言，常规意义下的数字、文字、图形、声音、图像（静态和活动图像）等，经编码后都被视为数据。

信息是构成一定含义的一组数据。信息论的奠基人维纳曾说过："信息就是信息，不是物质，也不是能量。""信息是人们在适应外部世界并且使之反作用于外部世界的过程中，同外部世界进行交换内容的名称。"由此可见，信息是对各种事物的特征、事物运动变化的反映，又是事物之间相互作用和联系的表示。当事物之间相互联系、相互作用时就产生了信息。信息以其不断扩展的内涵和外延渗透到人类社会和科学技术的众多领域，与材料、能源一起，被列为现代社会和科技发展的 3 大支柱。信息的增长速度和利用程度，已成为现代社会文明和科技进步的重要标志之一。

一个事物由于另一个事物的影响而使自身的某种属性发生变化，从信息的观点来看，是因为该事物从后者得到某种信息。通常把信息的发生者称为信源，信息的接受者称为信宿，传播信息的媒介称为载体，信源和信宿之间信息交换的途径与设备称为通道。

信源和信宿是相对的，也就是说，一个信源可能就是某个信宿，一个信宿也可能是一个新的信源。

信息与数据的联系和区别：

信息与数据二者是不可分离的。信息是由与物理介质有关的数据表达，数据中所包含的意义就是信息。信息是对数据的解释、运用与解算，数据即使是经过处理以后的数据，只有经过解释才有意义，才能成为信息；就本质而言，数据是客观对象的表示，而信息则是数据内涵的意义，只有数据对实体行为产生影响时才成为信息。

数据是记录下来的某种可以识别的符号，具有多种多样的形式，也可以加以转换，但其中包含的信息内容不会改变，即不随载体的物理设备形式的改变而改变。

信息可以离开信息系统而独立存在，也可以离开信息系统的各个组成和阶段而独立存在；而数据的格式往往与计算机系统有关，并随载荷它的物理设备的形式而发生改变。

数据是原始事实，而信息是数据处理的结果。

在一些数据处理场合，数据和信息具有相对性，它们既是前一处理过程的结果（信息），又是下一处理过程的数据。

（二）信息的特性

1.可量度

信息可采用某种度量单位进行度量，并进行信息编码。如现代计算机使用的二进制。

2. 可识别

信息可采用直观识别、比较识别和间接识别等多种方式来把握。

3. 可转换

信息可以从一种形态转换为另一种形态。如自然信息可转换为语言、文字和图像等形态，也可转换为电磁波信号和计算机代码。

4. 可存储

信息可以存储。人类发明的文字、摄影、录音、录像以及计算机存储器等都可以进行信息存储。

5. 可处理

人脑就是最佳的信息处理器。人脑的思维功能可以进行决策、设计、研究、写作、改进、发明、创造等多种信息处理活动，计算机也具有信息处理功能。

6. 可传递

信息的传递是与物质和能量的传递同时进行的。语言、表情、动作、报刊、书籍、广播、电视、电话等是人类常用的信息传递方式。

7. 可再生

信息经过处理后，可以通过其他形式再生。如自然信息经过人工处理后，可用语言或图形等方式再生成信息。输入计算机的各种数据文字等信息，可用显示、打印、绘图等方式再生成信息。

8. 可压缩

信息可以进行压缩，可以用不同信息量来描述同一事物。人们常常用尽可能少的信息量描述一件事物的主要特征。

9. 可利用

信息具有一定的实效性和可利用性。

10. 可共享

信息具有扩散性，如前所说，同一信源可以供给多个信宿，因此信息是可以共享的。

（三）信息的生命周期

某些信息在一定的时间内是有效信息，在此时间之外就是无效信息。信息如不能及时反映事物的最新变化，其时效性就会大大降低。

任何信息从信源传播到信宿都需要经过一定的时间。信宿得到的信息都是反映信源已经出现的状态。信息时滞性是与载体运动特性和通道的性质有关。

信息同其他资源一样也有生命周期，从信息的产生到最终被使用发挥其价值，可分为需求、获取、存储、维护、使用和退出等过程。

（四）信息系统

在人类有了生产活动之时，就有了信息交换和简单的信息系统。随着生产技术的进步，社会活动的复杂化，使人们的日常管理工作越来越离不开信息。每个人在其工作中将大量的时间用于记录、查找和加工信息，信息处理也成为人类的主要活动。有人曾经做过统计，企业经理 80% 的时间用于信息的通信和处理信息，而用于决策的时间却很短。

所谓信息系统（Information System，IS），是一个由人、计算机及其他外围设备等组成的能进行信息的收集、传递、存储、加工、维护和使用的系统。简单地说，信息系统就是输入数据，通过加工处理产生信息的系统。

信息系统是与信息加工、信息传递、信息存储以及信息利用等有关的系统。任何一类信息系统都是由信源、信道和信宿（通信终端）三者构成。先前的信息系统并不涉及计算机等现代技术，但是，现代通信与计算机技术的发展，使信息系统的处理能力得到很大的提高。现在各种信息系统中已经离不开现代通信与计算机技术，我们现在所说的信息系统一般均指人机共存的系统。信息系统一般包括数据处理系统、管理信息系统、决策支持系统和办公自动化系统。

数据处理系统是由设备、方法、过程，以及人所组成并完成特定的数据处理功能的系统。它包括对数据进行收集、存储、传输或变换等过程，如数据的识别、复制、比较、分类、压缩、变形及计算等。

管理信息系统是收集、存储和分析信息，并向组织中的管理人员提供有用信息的系统。它的特点是面向管理工作，提供管理所需要的各种信息。按照管理信息系统所面向的管理工作的级别，可以分为面向高层管理、面向中层管理和面向各操作级管理三种类型。按其组织和存取数据的方式，可以分为文件系统和数据库系统。按其处理作业方式，可以分为批处理系统和实时处理系统。按其各部分之间的联系方式，又可以分集中式和分布式两种类型。

决策支持系统是把数据处理的功能和各种模型等决策工具结合起来，以帮助决策的电子计算机信息处理系统。它能够在复杂的迅速变化的外部环境中，给各级管理人员或决策者提供有关的信息资料，并协助决策者制定和分析决策。决策支持系统使用的电子计算机技术是数据库、模型库以及可能进行实时处理的计算机网络系统。

办公自动化系统是由计算机、办公自动化软件、通信网络、工作站等设备组成使办公过程实现自动化的系统。计算机是整个系统的核心，包括硬件设备、操作系统、数据库和网络软件等。办公自动化软件具有办公、信息管理以及决策支持等功能。通信网络：可采用局域网、以太网或其他网络，以适于不同部门、不同区域的需要。工作站：可以是简单的字符终端或图形终端，也可以是数据、文字、图像、语音相结合的多功能的工作站，一个比较完整的办公自动化系统含有信息采集、信息加工、信息传输、信息保存4个基本环节，其核心任务是向它的各层次的办公人员提供所需的信息，所以该系统综合体现了人、机、信息资源三者之间的关系。

二、交通信息

（一）交通信息概念

在交通运输领域内流通着可利用的信息，统称为交通信息（Traffic Information）。广义地讲，交通信息是指道路交通系统与环境交换的、系统内部要素之间交换的、要素自身处理加工的用于服务、影响、干预、引导、指挥交通行为的所有信息。在狭义上，交通信息就是将某种现象或状态的出现以物理量的形式体现的关于道路交通方面的信息。

从出行者的角度来看，道路标志标线、信号灯、车载导航设备、收音机交通广播、超速行驶时车辆信息系统的提示音等，都是交通信息；从"交通人"角度，小学老师教导"过马路要走人行横道"、交通违章伤亡照片宣传栏、交通违章后收到的罚单、警察的批评，也是交通信息；从交通系统角度看，道路交通量、平均车速、违章行为、计算机交通数据库的内容、交通控制和通信系统中处理和传送的内容都是交通信息。如同信息在其他领域中一样，人们对交通信息的认识还处在经验水平上，远远没有上升到理论高度。

（二）交通信息分类

1.交通信息根据信息变动的频率划分为静态交通信息和动态交通信息

第一，静态交通信息是指交通系统中不随时间变化的道路交通信息，主要包括道路网信息、交通管理设施信息等交通基础设施信息，也包括机动车保有量、道路交通量等统计信息以及交通参与者出行规律在时间和空间上相对稳定的信息。

静态交通信息主要指交通系统中，如高速公路、城市道路、公路设施、停车场分布等常规组成部分的性能、特征和指标的信息，这些信息在相当长的时间内是相对稳定的，如道路网信息、交通管理设施、交通管理者等交通基础设施信息。静态交通信息是由交通状态、空间位置和环境三个属性构成的。

第二，动态交通信息是指交通系统中随时间和空间变化的道路交通流信息、交通控制状态信息以及实时交通环境信息。

动态交通信息主要是指公路和城市道路上所有移动物体所具有的特定信息，这些信息根据实际交通状况时刻在变化。它是由交通状态、空间位置、时间和环境4个属性构成的。其主要包括网络交通流状态特征信息（流量、速度、占有率等）、交通紧急事故信息、环境状况信息、交通动态控制管理信息等。或者说，动态交通信息是指实时道路交通流信息、交通控制状态信息、实时交通环境信息等时空上相对变化的信息。

因此，交通信息的检测方式也可以分为两种：即静态交通信息检测方式和动态交通信息检测方式。

静态信息和动态信息是相对而言的，两者之间可以相互转化，如交通管理信息，在较长的一段时间里，交通管理信息可以看成是静态的，但在某些特定场合，如重大活动等，管理部门会制定一些特定的管制措施，这些信息又转变为动态的。在基础交通信息中，静态信息是基础，动态信息是关键（表1-1）。

表1-1 不同交通状态下提供的交通信息内容和时间性表

交通状态	信息种类	信息内容	信息内容属性	信息时间性
正常交通状态	交通状态信息	各道路交通状态	描述性	现状
	行程时间信息	（常发性）拥挤情况延误时间路段行驶时间	描述性／数值型	现状／预测
异常交通状态	异常事件信息	事件类型、事件地点（区域）针对事件的交通管理措施	描述性	现状
		事件持续（发生／结束）时间	数值型	现状／预测
异常交通状态	交通状态信息	（偶发性）拥挤情况拥挤（排队长度）	描述性	现状
		事件影响区段的车速、事件影响区段的延误	数值型	现状／预测
	替代路线信息	推荐替代路线	描述性	预测
	行程时间信息	路段行程时间	数值型	预测

2. 交通信息按其产生的形式可分为原始型交通信息和加工型交通信息两种

（1）原始型交通信息

指直接发生在道路上及其周围的彼此独立的各种信息。其中包括交通现象信息和交通环境信息。

交通现象信息：通常把交通量、车速、车道占有率、交通阻塞长度、车型、停车场使用状况、交通事故、交通违章等称为交通现象信息。

交通环境信息:主要包括公共交通组织状况、道路地图、道路构造、路面状况、气象、大气污染、交通噪声、灾害、道路施工、交通状况、集会、信号机工作状况等。

（2）加工型交通信息

指原始型交通情报的相关性经合并加以处理的信息。主要包括车辆在路口等待时间、区间旅行时间、停车次数、预测旅行时间、预测 OD（交通出行量）、一个信号周期内的交通量、车道占有率、左右转弯损失、交通容量、交通流形状、事故信息等。

上述各类信息通过一定的检测设备送入交通信息检测系统，由该系统进行分类处理并存储，形成交通信息数据库，构成了交通管理信息系统的数据源。

3. 按接受信息的方式分类

人以其感知器官本能地获取交通信息。一般来说，人具有味觉、嗅觉、听觉、视觉和触觉。

（1）视觉交通信息

视觉交通信息是人接受交通信息的主要方式。眼睛拥有的视觉是人最重要的感知功能，从对人心理刺激角度看，视觉刺激最为强烈，它所接收的信息无论从数量质量还是从速度广度上都比人体其他感知器官要大得多。人的交通信息有80%是视觉信息，因此正常视觉是复杂交通行为（如驾驶车辆）的必备生理条件。视觉使人获得了道路、车辆、交通标志和信号、警察手势、Internet 交通信息、GPS 定位等诸多信息。以显示方式表达的交通信息应充分利用人的视觉感知特征。

（2）听觉交通信息

耳朵拥有的听觉也是人的主要感知功能。作用于听觉的交通信息主要有汽车喇叭、自行车铃声、交通广播、警用哨笛等。与视觉依赖人眼方向和视角范围相比，听觉可以感知来自各个方向的声频信息。听觉信息在复杂交通行为过程中是视觉信息的有效补充和加强。例如，车载语音导航系统的语音播报、交通广播电台、汽车报警器等。同时，噪声等的听觉刺激可以产生烦躁情绪或听力下降，而悠扬的音乐可以有效舒缓驾驶车辆的劳累和精神紧张。

（3）嗅觉交通信息

嗅觉交通信息是对交通信息感知较少的感知方式。多用于驾驶员对车辆运行部件异常时发出异味的感知。

（4）触觉交通信息

一些弯、坡路面被有意做出不平整，使机动车产生震动来刺激机动车驾驶员身体感知，提示危险和减速。

4.按照信息的形态分类

信息按照形态可分为数据信息、语言信息、文字信息、图形信息、图像信息，最近发展起来的多媒体技术，可把以上信息全部合成起来，得到综合信息。

（三）交通信息的特点

交通系统的基本构成要素包括四个方面：人（交通出行者、驾驶员和管理者）、物（货物）、各类交通工具和相应的交通设施。交通信息则是上述各要素所关联的一切信息，是系统运行的反映。因此，就形成了交通信息的以下特点：

1.信息来源广、种类多、表现形式迥异、信息量大

多源性是指信息种类繁多、来源广泛、分布分散，可以从主体要素、时间空间、参与层次、获取途径、状态类别等方面加以描述。在现代交通系统中，由于充分利用了当前迅速发展的信息技术，信息的来源渠道和种类很多，如来自传感器的交通流量信息，来自摄像机的视频信息，来自自动车辆定位系统（Automatic Vehicle Location，AVL）、探测车辆（Probe Vehicle）的行程时间、平均行驶速度信息，来自GPS定位系统的车辆方位信息、来自电子交警的车辆违章信息，来自报警电话的交通事故信息等，表现形式包含数据、图像、声音、视频等，而且，这些信息都是实时获取的，在较短的时间内，信息量将会迅速膨胀。以北京市的SCOOT(绿信比、周期、相位差优化技术）系统为例，遍布于城区各主要交通干线上的1000多个传感器每个月所产生的数据量能达到几十GB，如果把100多台摄像机的视频信息也包括进来，信息量将会大得令人无法承受。

2. 信息的分布范围很广，共享的需求程度、标准化要求高

在智能交通系统中，涉及多个单位和部门，这些单位和部门都有自身的信息采集、处理和应用系统，也就是一个个相对独立的信息"孤岛"，而交通行为控制对信息的最重要的要求是将这些信息"孤岛"联系起来，实现信息在整个系统乃至全社会范围内的共享。异构性表现在：

（1）信息的表现形式不同

定量信息，如流量、车速、各种信号配时参数；定性信息，如交通拥挤程度、服务水平；存在性信息，如车辆、行人有无；多媒体信息，如交通语言、文字、图像、视频等。

（2）信息的确定性不同

既有停车泊位数、路网密度等确定性信息；也有交通需求、突发事件、环境变化等不确定性信息。

（3）信息的标准格式不同

由于信息来自不同的应用系统或平台，存在着接口标准不统一、粒度及存储格式各异的状况。

3. 交通信息及其应用中，信息有着明显的层次性

在智能交通系统中，信息可以分为采集、融合、决策、协作和服务这几个层次。这些不同层次上信息的特性各不相同，用途也各异。如位于底层子系统提供的信息通常作为上层信息加工和应用的基础，它们之间的信息交换较少；而上层的信息、则主要面向信息的具体应用，并且信息在各个上层子系统之间的交换和共享则相对频繁。

依据数据抽象的层次，有将交通信息分成两级的——数据特征级和决策级，也有分成三级的——像素级（检测级）、特征级、决策级。像素级和决策级可理解为交通基础数据层和交通状态层，这里将交通信息分成三级较为合适，由低到高依次为基础数据层、特征属性层和状态描述层。

基础数据层是从各类信息源获取的基本交通数据；特征属性层是交通目标行人、

车辆等和交通现象、交通流状态、事件、环境等的各类模式及其统计数据，侧重于识别判断；状态描述层是各种交通状态的描述模式及其统计数据，侧重于交通影响分析和预测。

基础数据层是交通"刺激"，特征属性层和状态描述层则是"反应"，这实质上可以看作是一个数据挖掘或模式识别的过程，其中低层信息是上层加工和应用的基础。

4. 很强的时空相关性

交通系统中所提供的信息，大多数是和时间空间相关的。如车流量数据，只有在与一定的时刻及路口相联系时才有意义，否则就不能为人们所理解和利用。而这些信息的时间及空间相关性又为进行交通信息的控制、预测、研究等提供强大的支持。如可以利用交通流的时间相关性，进行交通流的时间序列分析，对交通流的发展变化趋势进行较为精确的预测；也可以利用交通流的空间相关性，分析交通流在路网中的分布特征，为实施交通控制提供数据参考。

5. 主题相关性

在道路交通系统中，信息是明显主题相关的。信息按照主题划分有交通流信息、交通信号控制信息、交通事故信息、交通违章信息、公交调度信息、地理信息、天气信息、停车场信息、收费信息等。根据这些不同的主题，就可以将智能交通系统中采集和处理得到的信息分类组织，以优化对这些信息的查询或进一步处理。

6.ITS 智能交通系统中信息的生命特性

与生物一样，智能交通系统中的信息存在着自繁衍、自进化、消亡这三大生命的基本特性。道路交通信息从采集、融合、加工、应用到最后被扬弃的过程，体现了生物进化论中遗传、变异、选择和进化的思想。因此，可以借鉴生物进化论的思想，为道路交通信息赋予一定生命特征的属性，并采用发展、变化和进化的思想对信息进行有机的建模、组织和处理。

7. 在道路交通系统中，信息的用户种类多，信息需求不同

从时间上来说，既需要实时信息，也需要历史信息。从信息内容来说，既需要通

用信息，如显示在可变信息板（Variable Message Sign，VMS）的交通状况信息等，也需要针对特定用户的专业化、个性化信息，如根据当前的实时交通状况及预测信息，为某位出行者定制行车路线等。另外，不同部门、不同用户对交通信息的精度要求、质量要求也各不相同。而且，对信息的需求在时间和空间分布上不均匀。交通越繁忙信息需求量就越大，针对繁华地区交通信息的查询次数也明显比偏远地区高。

8. 信息安全、隐私保护要求高

信息是智能交通系统中的核心资源，如果缺乏有效的安全保护机制，在受到攻击时将导致信息系统的崩溃或是在不法分子控制下进行恶意操作，造成大量的交通拥堵和交通事故，给社会及广大交通系统用户带来巨大损失。另外，从信息采集需要的角度出发，交通控制系统可以对交通系统中的众多用户进行监视，但这又可能导致对公民隐私权的侵犯，因此必须采取一定的措施来保证交通信息采集系统不被用于刺探公民的隐私。在美国一些城市的智能交通系统中，为了实现对交通信息的采集，许多居民的车上都装有信标，与路边的信标检测系统相结合可实现对车辆的跟踪，从而获取该路段行程时间、平均车速等信息，但系统对信标不会持续跟踪，而是在对一辆车跟踪几次并得到所需数据后就转而跟踪其他车辆。

交通信息特征及要解决的问题见表1-2。

表1-2　交通信息特征及要解决的问题

信息特征	要解决的问题
来源广、种类多、信息量大	海量存储、组织、压缩、查询优化等
分布性、共享程度高	标准化、信息模型、交换模式、分布式管理、查询优化等
层次性	信息模型、交换模式等
时空相关性	信息模型、交换模式、信息处理等
主题相关性	信息组织、信息模型等
生命特征	信息模型、信息组织、信息处理等
信息需求多元性	信息组织、融合与挖掘等
安全性	安全审核等

三、交通信息系统

交通信息系统是集信息管理、决策支持、过程控制、测试技术、仿真技术、图像处理技术、操作系统、数据库技术、网络技术为一体的大型信息系统，是综合了行为、财务、统计、运营等多种学科和专业的复杂系统项目。

这里所讨论的交通信息系统不同于传统的交通信息系统的概念，是与交通信息服务系统集合。主要指以改善交通为根本目的，集交通信息的采集、处理、服务等基本功能于一体，由硬软件共同构成的系统。由于交通信息系统以当代的高新技术为基础，且以 ITS 为背景而构筑的，所以，为方便区别，可称其为先进的交通信息系统（Advanced Transportation Information Systems，ATIS）。

先进的交通信息系统（ATIS）是 ITS 的重要组成部分，也是发展 ITS 的基础和关键技术，ATIS 是建立在完善的信息网络基础上的，交通参与者通过装备在道路上、车上、换乘站上、停车场上以及气象中心的传感器和传输设备，可以向交通信息中心提供各处的交通信息，中心得到这些信息并通过处理后，向交通参与者实时提供道路交通信息、公共交通信息、换乘信息、交通气象信息、停车场信息以及与出行相关的其他信息，出行者根据这些信息确定自己的出行方式、选择路线。概括地说，交通信息系统就是要收集相关交通信息，分析、传递、提供信息，为出行者在从起点到终点的出行过程中提供实时帮助，使整个出行过程舒适、方便、高效。

实现城市交通的智能化，首先要收集实时、有效的交通信息，然后根据不同的目的和要求，进一步分析、管理和发布信息。所以，城市交通信息系统的框架从功能上可划分为三大部分：信息采集、信息管理和信息发布。

信息采集系统是构建交通信息系统的前提和基础，它对交通实时状况和原始数据进行采集，如道路现状、交通流量、流速、道路占有率等，形成交通信息数据库，供信息中心和其他子系统共同使用。信息采集系统包括路侧系统的路口摄像机、道路传感器、环形检测器等设备和交通事故、事件、阻塞等信息的提供者（如交通管理部门等）。

信息管理系统（交通信息中心）是整个系统的枢纽，负责对采集系统提供的信息进行加工和处理并生成有效的可发布信息；同时建立公共数据平台，供各子系统查询。它依赖于一个实时、统一的交通信息数据库，该数据库中的数据由不同的信息采集系统通过不同的采集设备获得，所以，这些数据的实时性、可靠性必须得到有效保证，以确保自动生成信息的准确性和可信度。

信息发布系统是把各种动态信息通过各种传播媒介实时地传递给公众，使出行者得到交通诱导信息，并向城市交通管理部门、道路养护部门、路网规划部门提供实时信息。信息发布方式有固定或移动的可变信息显示屏（VMS）、无线广播、电视、互联网、电话查询、车载设备中的 GPS 装置等多种方式。

第二节　交通信息技术

一、信息技术

（一）信息技术定义

信息技术定义有很多种，下面列举的是一些常用的信息技术定义。信息技术就是能够扩展人的信息器官功能的一类技术。

信息技术是指能够完成信息的获取、传递、加工、再生和使用等功能的一类技术。

信息技术是应用信息科学的原理和方法有效地利用信息资源的技术体系。信息技术可能是机械的，也可能是激光的；可能是电子的，也可能是生物的。

现今人们更趋向用"信息技术是指感测、通信、智能以及控制等技术的整体。它们分别延伸了人体的信息器官：感觉器官、神经器官、思维器官、效应器官"来定义信息技术。

感测技术包括测量技术和传感技术，如遥感和遥测技术等。感测技术的任务是延长人的感觉器官收集信息的功能，使人们可以更好地从外部世界获取各种有用的信息。

人类捕获信息通常用眼、耳、鼻、舌和皮肤几种感觉器官。随着光学技术和电子技术的发展，借助于观测仪器可以获取更多、更微小、更精确的信息。如使用放大镜、显微镜、望远镜、照相机、摄像机、侦察卫星和扫描仪等帮助我们识别微小的、遥远的或高速运动的物体；电话机、收音机、声波测量仪等可以看作是人耳功能的一种延伸；电子鼻以及其他测量各种气味的装置可以看作是人的嗅觉器官功能的延伸；温度表、湿度表以及各种测量振动、压力的仪表可以看作是人的皮肤温度感觉和压力感觉等触觉功能的延伸。现代感测技术设备，不仅能替代人的感觉器官捕获各种信息，而且还能从人力不及的微观世界和宏观世界中获取信息。上述这些技术使人类更方便和更准确地从外部世界中获得信息。此外，现代感测技术捕获的信息常常是精确的数字化数据，特别适合于电子计算机处理。

在当今和未来信息社会中，通信是人们获取、传递、交换和分配信息的重要技术手段。通信技术是人们传导神经网络功能的延长，包括信息的空间传递和时间传递技术，它使人们能更有效地利用信息资源的技术。信息只有通过交流才能发挥其效益，信息的交流直接影响着人类的生活和社会的发展。人类历史上曾用烽火狼烟、击鼓飞鸿和飞马传书等方法传递信息，到了近代才开始使用电报、电话、电视和广播等通信手段。近几十年，微波、光缆、卫星和计算机网络、手持移动通信等通信技术的迅猛发展，使得"任何人可以在任何时间、任何地方同任何人通信"的时代已经到来。

智能技术包括计算机技术、人工智能技术和人工神经网络技术等。智能技术是人们思维器官处理信息和决策能力的延长，使人们能更好地加工和再生信息。作为一门新兴的技术，计算机技术在短短的几十年内获得了空前的发展，其应用已渗透到社会生产、生活的各个方面。计算机技术的应用不仅正在改变着人类生产和生活的方式，而且在一定程度上决定着许多学科的新发展。人工神经网络是由大量简单的神经元相互连接而成的自适应非线性动态系统，作为生物控制论的一个成果，其触角几乎已延伸到各个工程领域。

控制技术则根据输入的指令信息（决策信息）对外部事物的运动状态和方式进行

干预，即信息施效。控制技术是效应器官的延长，包括一般的伺服调节技术和自动控制技术，其目的是更好地应用信息，使信息能够在改造自然的过程中发挥作用。

信息技术（Information Technology）是指为实现信息的获取、识别、发送、显示、变换、传输、处理、存储、提取、控制等作业所需要的工具设备以及有关的技能和方法的总称。简言之，凡是应用信息科学的原理和方法从事与信息有关作业的技术都是信息技术。

信息技术包括感测技术、通信技术、智能技术和控制技术。感测技术是获取信息的技术，通信技术是传递信息的技术，智能技术是处理信息的技术，控制技术是利用信息的技术。感测、通信、智能和控制这四大技术在信息系统中虽然各司其职，但是从技术要素层次上看，它们又是相互包含、相互交叉、相互融合的。感测、通信、智能都离不开控制；感测、智能、控制也都离不开通信；感测、通信、控制更离不开智能。

另外，按目前的状况，感测、通信、智能和控制四大技术的作用并不在相同层次上，智能技术相对其他三项而言处于较为基础和核心的位置。

信息技术是人类通过智能技术创造一个过程和改进一个已有过程的实践过程。从这个意义上说，信息技术不是一种具有固定模式的技术，它的最终表示形式需要结合实际应用需求和想象力，同时需付出创造性的劳动。信息技术结合任何一个特定的业务领域或应用方向时，可以被认为是一种能把特定领域或应用业务由人工干预的操作过程转变成由智能自动操作过程的技术。实现轨道交通自动售检票系统的核心技术是信息技术，包括网络通信、自动控制、数据采集、信息处理、数据分析、机电一体化终端设备、射频智能卡、系统集成、系统测试和系统维护等相关信息技术的综合应用。

没有信息技术作为交通系统的基础技术支持和人的劳动创造，那么，交通系统的很多功能实现系统只能停留在人工操作和人工管理的劳动密集型层面上。

信息技术是当代技术中发展最快的且具有带头性作用的技术，它正在把人类数千年来的种种梦想变成现实，并为信息能在当今社会政治经济发展中发挥关键作用提供了必不可少的支撑条件。正因如此，研究、开发利用信息技术就成了这个时代的重要特征。

（二）信息技术的分类

按照信息技术是否可转化为实物形态，可将其划分为"硬"信息技术和"软"信息技术两大类。前者通常是指各种已经或即将转化为信息设备的信息技术，如复印机、计算机、通信卫星等；后者通常是指那些人类在长期从事信息活动过程中积累而形成的有关信息处理的经验、知识、方法与技能，如语言、文字、信息压缩技术、信息组织技术、统计技术、预测技术、决策技术等。

按照专业信息工作的基本环节可将信息技术划分为信息获取技术、信息传递技术、信息存储技术、信息检索技术、信息加工技术、信息标准化技术。信息获取技术是把人的感觉器官不能准确感知或不能感知的信息转化为人能感知的信息，如显微镜、望远镜、气象卫星、行星探测器、温度计等。信息存储技术是指跨越时间保存信息的技术，如印刷术、照相术、录音机、录像机、磁盘、光盘等。信息检索技术是准确、快速地从信息库中找出所需信息的技术，或称技巧、策略、方法，它主要包括手工检索技术、机械检索技术和电子计算机检索技术三大类。信息加工技术是对信息进行分类、排序、转换、压缩、扩充等的技术，传统的信息加工主要是通过人脑和手工来进行，电子计算机的发明与使用逐渐改变了这种状况，现在它已成为信息加工的重要工具。信息标准化技术是使信息获取、传递、存储、检索、加工等环节有效衔接的技术，如文献标准、汉字编码、检索语言等。

按照人们日常所使用的信息设备种类或用途，可将信息技术划分为电话技术、电报技术、电视技术、广播技术、缩微技术、复制技术、卫星技术、电子计算机技术等众多的门类。

从信息系统功能的角度可将信息技术划分为信息输入输出技术、信息描述技术、信息存储检索技术、信息处理技术、信息传播技术。

根据人的信息器官种类来进行划分，这是一种比较科学的分类方法。人的信息器官大致可分为四类：一是感觉器官，其中包括视觉、听觉、嗅觉、味觉、触觉等器官，这类器官的主要任务是获取外界事物的信息；二是神经器官，包括导入神经网络、中间传导神经网络和导出神经网络，通过导入神经网络把感觉器官获得的信息传递给思维器官，通过导出神经网络把思维器官加工产生的信息传递给效应等器官；三是思维器官，即人的大脑，它可以对传入其中的信息进行记忆、比较、运算、分析、推理并以这些结果为依据进行决策、指挥；四是效应器官，包括操作器官（手）、行走器官（脚）、语言器官（喉、舌、嘴）等，它们主要是执行思维器官发出的指令信息或是通过语言器官把大脑产生的信息表达出来以使这些信息对外发挥作用。与此相对应，信息技术有感测技术、通信技术、智能技术和控制技术之分。

二、交通信息技术

（一）智能交通系统的信息技术

智能交通系统（Intelligent Transportation System，ITS）是信息技术（IT）+信息系统（IS）的组合。

智能交通是以信息技术为主要核心，无论是智能交通框架的哪个研究方面，都有一个共同特征，就是对交通信息的处理。从信息流程的角度看，ITS涉及信息采集、信息处理、信息传输、信息管理与控制、信息发布和信息利用，所有交通信息都是基于传输网络的基础上完成。这些技术手段以信息为纽带联系在一起，通过对信息的处理加工和优化算法，提出优化控制方案和管理措施，并通过传输技术将指令传递到各种控制的终端，实现对交通流的控制。可以这样说，交通信息是智能交通的核心要素，而信息的采集、处理、传输、控制和服务利用是ITS的核心。

从ITS功能的实现过程看，系统首先将采集到的各种道路交通和服务信息经管理中心集中处理后，传输到道路运输系统的各个用户（交通管理部门、公安部门、抢险救护部门、停车管理部门等以及出行者）。交通相关部门可据此进行快速合理的交通疏导、控制和事故处理，使路网的交通流处于最佳状态，最大限度地提高路网的通行能力，提高整个路网系统的机动性、安全性和生产效率；出行者可以实时选择交通方式和交通路线，规避交通拥堵或险情。

从信息处理的角度看，ITS 涉及信息采集、信息处理、信息发布和信息利用，上述这些环节就构成了 ITS 的信息链。表 1-3 列举了与 ITS 信息链的每个环节相对应的信息技术。

交通信息采集是 ITS 的输入部分，为各子系统提供基础数据，是 ITS 能够顺利实施的重要前提。其中，交通信息的采集方式通过交通采集技术来实现对交通状态数据（如车流状况、交通事故、交通违章等参数）的精确获取，不同种类的交通信息根据其特点采用不同的采集技术，如 GPS 定位、环形线圈、微波等。目前采用多种采集方式相结合实现对交通状态全方位的感知是交通信息采集部分发展的趋势。

表 1-3　ITS 中各个环节相应的信息技术

数据处理环节	ITS 相关的信息技术	
	系统方面	车辆方面
信息采集	交通检测器、环境检测器、设施状态检测器	自动车辆控制 AVI、车辆自动识别称重
信息处理	数据压缩处理、信息融合处理、识别处理	数字地图、GPS
信息传输	光纤网络、移动通信网络、计算机网络、传感器网络	DSRC、移动通信
交通控制	城市交通控制 UTC、匝道控制、轨道交通运行控制	车辆安全控制、自动车辆控制
信息管理	数据库、GIS	
信息利用	信息服务系统	路径诱导
信息发布	VMS 可变信息板、Internet	交通广播、车载台 GIS

信息传输是智能交通中连接信息采集和信息处理、信息发布之间的桥梁，是 ITS 不可缺少的重要组成部分。没有可靠、大容量、快速的信息传输，就没有先进的智能交通系统。信息技术的快速发展给智能交通的信息传输带来了无限机遇，目前存在多种可利用的传输方式：①有线通信传输，如电话、传真、电报、电视等；②无线通信传输，如对讲机、BP 机（已经淘汰）、移动电话、收音机；③数字通信传输，如联网

的计算机、数字电视；④纸张通信传输，如书信、报纸等（或数字信息传输、无线信息传输、光纤信息传输）。

信息处理是将信息采集获得的原始数据，根据不同业务需求进行处理、加工和分析，准确获取交通状态，为不同的交通业务和出行者提供信息服务。同时，合理存储系统中的各种信息资源，并保证系统中信息的规范化。

信息服务是将经过处理的交通信息及分析后的预测信息通过各种方式（无线通信、有线广播、电子显示屏、互联网以及车载终端等）向出行者及驾驶员发布，让用户及时、准确地得到交通信息，辅助其规划出行决策。

（二）交通信息技术的主要内容

1. 交通信息采集技术

主要以常规传感设备为主，而图像采集设备为辅，图像采集设备主要用于交通监控管理。随着计算机技术、多媒体通信技术及图像信息处理技术的不断发展，图像采集设备不但可用于常规的交通监控管理，同时，可从图像信息中获取相关的交通信息，以此达到交通信息采集手段的融合。

2. 交通信息处理技术

一幅 640×480 分辨率的 24 位真彩图像的数据量约为 900kB；一个 100MB 的硬盘只能存储 100 多幅静止图像画面。数据压缩方法种类繁多，可以分为无损压缩和有损压缩两大类。无损压缩利用数据的统计冗余进行压缩，可完全恢复原始数据而不引入任何失真，但压缩率受到数据统计冗余度的理论限制，一般为 2 : 1 到 5 : 10。有损压缩方法利用了人类视觉对图像中的某些频率成分不敏感的特性，允许压缩过程中损失一定的信息，虽然不能完全恢复原始数据，但是所损失的部分对理解原始图像的影响较小，却换来了更大的压缩比。

它的最大优势在于能合理协调多源数据，充分综合有用信息，提高在多变环境中正确决策的能力。

在交通领域，数据融合主要用于以下几个方面：

（1）车辆定位与跟踪

通过多源数据获取的交通信息进行融合处理对车辆行驶轨迹加以识别，比如用 GPS 和航位推算组合进行车辆定位。

（2）交通信息获取

对各种传感器（线圈、视频、超声波）等采集的交通参数进行时间、空间角度的融合，得到全面反映交通状况的实时信息。

（3）路网交通状态识别

通过历史数据，实时数据的融合，通过交易状态指标量化来判断路网交通状态。

（4）车辆诱导

根据对车辆行驶轨迹的确认，并以现有道路网络、现状路网交通流参数、未来路网交通流状态参数估计等作为必要的边界条件来实现实时的车辆诱导。

3. 交通信息传输技术

交通信息传输也可以理解为数字通信技术在交通运输系统中的应用。从交通信息的采集到交通信息的显示、控制和利用，其总是和信息通信技术结合在一起，而其中交通信息的传输更为重要。如果交通信息传输过程中一旦出现差错，将会带来严重的后果。

4. 信息传输网络技术

众多的用户要想完成互相之间的通信过程，就靠由传输媒质组成的网络来完成信息的传输和交换，这样就构成了通信网络。

5. 交通控制技术

城市交通控制与快速路交通控制都属于道路交通控制，由于其道路特征不同，所以控制方式也截然不同，如城市道路交通主要通过交叉口的信号灯来进行控制，而快速路交通控制则包括出入口匝道控制和主线控制。但就其控制原理来说，则有许多相似之处。对于两相随行列车之间有多少闭塞分区，这决策于显示制式或规定的速度差值。由于 FAR 系统是按最坏性能列车参数来决定闭塞分区的长度，这对于性能较好的列车或较轻的列车就有效率上的牺牲。

6. 交通信息管理技术

分布式数据库系统是指在地理上（或物理上）分散而逻辑上集中的数据库系统。数据仓库技术信息可视为定义在各信息源上的实体化试图集合。数据仓库中的数据是多维数据库，以便从不同角度观察分析问题，数据仓库是面向主题，因而适合于决策支持。

第二章　交通信息的采集

对于科学交通管理来说，所调查的数据分为静态数据与动态数据两大类。静态数据是交通管理的基础数据，如路口各向通行能力、路口间距、路口渠化、道路断面结构、道路等级划分、停车场位置及泊位、交通枢纽及集散点等等。动态数据是交通管理的控制数据，主要有交通流量、流速、流向、OD（交通起终点）、交通拥堵及交通事故等等。

1. 静态交通信息采集技术

（1）调查法

采用人工或测量仪器进行调查，可获得城市基础地理信息、城市道路网基础信息。

（2）其他系统接入

静态交通信息可从其他部门，如规划部门、城建部门、交通管理部门获得。通过调查获得这些基础信息后，一般采用一次性人工录入的方式存入静态交通信息数据库。只有当实际系统发生变化的时候，才需要对静态交通信息数据库中的数据进行更新。

2. 动态交通信息采集技术

动态交通信息与静态交通信息最显著的不同主要表现在它的实时性，也就是说，动态交通信息反映的是随机变动的交通状况，因此，动态交通信息的采集必须是及时、准确的。动态交通信息采集技术包括交通检测技术、车辆识别技术、车辆定位技术和气象与道路环境信息采集技术等。

实时动态交通信息是 ITS 最基本的信息源之一，只有对实时交通信息有了准确的掌握，才能快速有效地实施和发挥诸如交通诱导之类的 ITS 功能，因此对交通信息的实时检测技术是 ITS 技术中最核心也是最基本的技术之一。

交通信息采集技术主要分为四类：一是基于传感器的交通信息采集技术，如通过安装于道路上或路侧的环形感应线圈、雷达发射装置、微波发射装置等进行采集；二是基于视频的交通信息采集，如视频交通事件、流量检测器等；三是基于射频的交通信息采集技术，如 RFID、DSRC 技术；四是基于定位技术的交通信息采集技术，如利用 GPS 和无线移动通信网进行移动位置信息采集的技术。

第一节　道路交通信息采集系统结构

一、静态交通信息采集系统结构

道路交通管理是一个复杂的社会系统工程，与经济建设、道路条件、车辆发展、公民交通意识等都密切相关。城市道路交通信息内容广泛，形式多样。道路交通静态信息是交通管理的客观条件或控制对象，在一定时间范围内基本没有变化，其特点是信息量较大、变化范围较小、变化不明显。交通管理的目的就是要在这个客观条件基础上，使交通流合理分布，有序地均衡运动。在城市道路交通管理领域中，静态信息包括城市道路交通基础地理信息、路网信息、车辆信息、人口信息等。

静态交通信息系统建立的目标是实现对人口、车辆、停车场、道路网络等信息的有效管理，包括：系统输入、输出，功能设置以及相应操作的管理与控制，要求系统输入完备，系统输出能够满足交通管理、规划和控制的要求，系统功能设置合理，便于数据录入、修改、保密、查询、汇总、报表等。

系统终端包括交通管理机构、信息提供者、户籍管理部门、车辆管理部门、车辆、居民、道路等。车辆管理部门定义为提供车辆合法化服务的静态交通信息系统终端，车辆定义为描述车辆的属地及自然特征的静态交通信息系统终端。户籍管理部门定义为对人口属地分布和自然特性等信息进行管理的静态交通信息系统终端，居民定义为描述人口属地分布、工作地点和自然特性的终端。道路定义为描述人口、车辆地理特性的终端。

信息在不同终端之间的流程如下：

（一）车辆信息系统

交通管理机构的 MIS（管理信息系统）持续地从车辆管理部门获得管辖区域内车辆和驾驶员的所有信息，其中包括车辆交易信息、车牌信息、车辆信息、车主信息、驾驶员培训和考核信息、驾驶执照信息等，并将信息传输给节点设施和管理车辆中装备的 MIS 中。交通管理机构利用节点设施或管理车辆对车辆和驾驶员进行安全检查和对违章、事故进行处理时，节点设施或管理车辆上的 IC 卡读写器可以从随车 IC 卡软牌照和 IC 卡驾驶执照中读取被检查车辆和驾驶员的基本资料，并在本身装备的 MIS 中查询到相应车辆和驾驶员的资料。如果在节点设施和管理车辆中没有装备 MIS，或者被检查的车辆不属于本地区，则节点设施或管理车辆可以向交通管理机构的 MIS 进行查询。交通管理机构的 MIS 根据节点设施或管理车辆传输来的基本信息，例如车牌号码、驾驶执照号码和驾驶员姓名进行查询，或者向其他地区交通管理机构的 MIS 查询。查询的资料被传送给节点设施或管理车辆，管理人员参考车辆和驾驶员的历史资料进行安全检查和对违章或交通事故进行处理。检查和处理的结果被输入节点设施或管理车辆上的 MIS，并传输给交通管理机构的 MIS，同样的信息可以被写入 IC 卡软牌照和驾驶执照中。交通管理机构的 MIS 将安全检查和违章、事故处理记录传输给其他机构，并接受查询。

（二）被盗／抢机动车辆信息系统

该系统的数据是在接到被盗抢机动车辆报警信息后录入数据，在发现被盗／抢车辆后录入查获车辆数据。交通管理机构与公安管理部门之间通过外部数据查询，交换被盗／抢车辆信息，即交通管理机构通过该系统的子系统——基于互联网的 Web 查询系统，随时掌握被盗／抢车辆信息，同时通过某种方式搜寻该车辆，一旦发现即刻通知公安管理部门。该系统通过其两个子系统实现被盗／抢车辆信息的内部流动和外部查询，一个为局域网系统，该系统采用 Client/Server 体系结构，在公安管理部门内部使用，包括数据的录入、修改、查询、统计等；另一个为基于互联网的 Web 查询系统，该系统采用 BWD（Browser/Web Server/Database Server）体系结构，供外部数据查询使用。

（三）人口信息系统

居民的自然状况信息可以从公安管理部门（户籍管理部门）的人口数据库中提取，居民的工作状况信息可以从劳动管理部门的人事数据库中提取。在 ITMS（终端综合管理系统）中人口信息系统是针对交通管理和规划而开发的 MIS，因而该系统首先根据交通小区数据字典，例如 TRIPS 分区，对常住人口数据进行属地化处理，将每个人的户口所在地（或居住地）尽可能准确地归属到相应的 TRIPS 小区中，从而形成能区分到行政区、交通小区（TRIPS 小区）、派出所、街道的人口档案数据。然后系统再依据该档案数据和年龄段、学历、职业、民族等单一分类属性或组合分类属性，进行行政区、交通小区、派出所、街道等分布数据处理，形成各种人口数据分布图表，并对其进行综合分析。

（四）道路信息系统

在现有道路交通电子地图的基础上，道路建设部门将新建道路的信息，例如道路宽度、车道数、长度、道路起始点、交叉口、道路附属设施等，不断地提供给城市道路交通 GIS 制作机构，由其完成城市道路交通电子地图的更新，使用 GIS 的交通管理部门、信息提供者和车辆能够掌握路网的变化，便于城市道路的交通组织和路线诱导。交通规划部门也将规划道路的信息，不断地提供给 GIS 制作机构，由其制作城市道路交通规划电子地图。交通管理部门把城市路网的交通组织、交通管制和交通政策的变化信息传递给信息提供者，由其进行信息的存储、管理和发布。信息提供者把此信息与动态交通信息采集系统所采集的信息相结合，则可满足各类用户主体动态查询交通状况的要求。

（五）停车场信息系统

各种类型的停车场在报批和审查时，将停车场位置、容量、附属设施、收费标准及其相关信息，都要传送给停车设施管理部门，由其将此信息不断地提供给交通管理机构，完成在现有的城市道路交通 GIS 的基础上添加停车场信息，并将该 GIS 向信息提供者和车辆发布，使用 GIS 的信息提供者和车辆可以掌握停车场的地理分布，实现基本位置的引导。信息提供者在该系统的信息流程中功能与其在道路信息系统中相同。

二、动态交通信息采集系统结构

交通动态信息在道路交通管理中一般用于实时控制（或管理）和科学决策上，它对现代交通管理发挥出相应的作用，使交通管理更加科学化和规范化。

动态交通信息采集系统建立的目标是全面、自动、连续地从路网上获得不同地点和路段上的交通流信息。"全面"是指系统可以从路网的任一位置获得信息，信息源分布可以很广泛，同时获得的信息内容也可以很丰富；"自动"是指信息的获得是由系统自动完成的，可以不需要人工的干预；"连续"是指系统可以在设施的寿命期内不分昼夜地连续工作，使系统随时获得交通流和路网环境的实时信息。

该系统终端包括交通管理机构、信息提供者、车辆、节点设施等。交通管理机构终端定义为对交通信息采集和处理进行管理的政府职能部门。信息提供者定义为向 ITMS 系统操作人员和出行人员收集、处理、储存交通信息的信息采集终端。在整个 ITMS 系统中，该终端功能包括数据库功能，先从 ITMS 操作者中收集信息，再把这些信息重新发送给该地区的其他操作者和其他信息提供部门，在信息重新发布过程中，信息提供者在部门之间起到桥梁的作用；另外，该终端具备信息提供功能，可以把详细的出行信息提供给其他用户和公众，这些信息包括基本建议、实时交通情况、公交时刻表、黄页信息和停车信息等，同时，该终端还能根据出行者的出发点和目的地生成出行计划，并发布给出行者。车辆定义为描述车辆的运行及相关系统的参数的动态交通信息采集系统终端，该终端信息随车辆的运行状态参数的修改而改变，其参数可通过节点设施的传感器或者驾驶员本人获取，该终端所表示的车载设备可以是标准件，也可以是特殊服务的设施，如自动刹车系统、引擎管理系统、导航控制系统等。节点设施定义为通过传感器从环境和经过的运载工具（车辆）处获得信息，实现实时、准确获取交通信息的采集系统终端。

信息在不同终端之间的流程有四个：

（一）节点设施与车辆之间

当车辆上没有安装定位或速度测定装置以及移动通信和专用短程通信终端时，节点设施同车辆或者环境并没有通信，车辆和环境的信息被节点设施中的传感器探测到。节点设施内的传感器在有车辆经过探测区域时，探测物理量的变化，并产生相应的信号，该信号传送到节点的控制器，控制器对信号处理后获得初步数据。当车辆上安装定位或速度测定装置以及移动通信和专用短程通信终端时，车辆行驶到接近节点设施的通信区域时，节点设施的探测装置探测到有车辆进入专用短程通信区域，节点设施的专用短程通信装置开始工作，向通信区域发射无线电波。车辆上安装的通信装置接收到节点设施的信号，并同节点设施通信，向节点设施传送本车辆的行驶信息。由于节点设施的位置是固定的、由交通管理机构预先确定的，所以车辆只需向节点设施发送行驶状态信息，而不必发送位置信息，交通管理机构从信息的来源可以确定这些信息的位置。同样，车辆通信装置可在不停车收费、停车场收费和限制区域管理等场合使用，分别传送不同内容的信息。

（二）节点设施和交通管理机构之间

节点控制器能将数据按实时、定时批处理或应答查询的方式传给管理本节点设施的交通管理机构。节点设施传送给交通管理机构的信息可以是数据，也可以是图像。交通管理机构向节点设施发出的是进行或终止探测的指令、查询信息的指令。交通管理机构接收到节点设施传送来的数据后，将数据输入 MIS 和 GIS 的动态数据库中，或利用显示装置将数据和图像显示出来，使交通管理机构的工作人员可以直观地了解各个节点设施处的交通流和路网情况。节点控制器也可以利用本节点探测装置获得的信息来直接驱动本节点信号设施的动作，或者是接受交通管理机构的指令来控制本地节点信号设施的动作。

（三）交通管理机构和信息提供者之间

信息提供者与交通管理机构之间可以按实时、定时批处理或应答查询的方式相互提供相应的交通流和路网环境信息。信息提供者可以设置在距离交通管理机构比较远的地点，通过专用的或公共的有线通信线路发送和接收交通管理机构提供的信息。它也可以设置在与交通管理机构相同的地点上，通过本地有线局域网同交通管理机构的MIS 和 GIS 相连，或者在两个机构达成协议的情况下，信息提供者的人员直接使用交通管理机构的 MIS、GIS 和显示装置。

（四）信息提供者同车辆之间

信息提供者同与其有信息交换协议的车辆之间通过公共有线通信网和移动通信网进行语音和数据的通信。车辆在经过指定地点时，或者在间隔一定时间后，或者在移动一定距离后向信息提供者发送本车辆的位置和行驶状态信息。在这种方式下，车辆需要具备定位设施，通常包括 GPS 定位接收机和差分信号接收机。

系统通过实时交通检测，记录来往车辆类型、车速等数据，并用无线或有线方式将各监测点的各时段车流量、车型种类、平均车速、堵塞路口及路段的交通情况准确、快速、定时地发往交通指挥中心。

第二节　基于传感器的交通信息采集

传感器将检测到的交通信息通过通信方式送到交通管理中心，交通管理中心对传来的数据再进行处理。

传感器多用于与车辆、行人的交通流相关参数的信息采集。基于传感器的交通信息采集技术具体又可分为路面接触式与路面非接触式两类。其中，最先开始发展的是接触式的交通信息采集技术，代表有压电和压力管探测、环形线圈、磁力式探测。这些采集装置都具有共同的特点，即需要埋藏在路面之下，当汽车经过采集装置上方时，会引起相应的压力、电场或磁场的变化，采集装置通过采集"力"和"场"的变化并最终将其转换为所需要的交通信息。经过多年的发展，路面接触式的交通信息采集技术已经很成熟，其测量精度高，更易于掌握，一直在交通信息领域占有主要地位。但是这种路面接触式的交通采集装置存在安装维护困难，安装过程中需要中断交通、破坏路面等缺陷；加之随着车辆增多，车辆对道路的压力增大，感应线圈易受冰冻、路基下沉、盐碱等自然环境影响，导致这类装置的使用寿命越来越短，使用成本也显著上升。此外，由于路面的特殊性，有些地段（如桥面、隧道内）不允许或者难以进行路面施工，因而无法安装检测装置。

新近发展起来的基于传感器的路面非接触式交通信息采集装置主要有波频探测和激光探测两大类，在安装维护及使用寿命方面与路面接触式交通采集装置相比具有很大的优势。

波频探测又可以分为微波、超声波和红外线三种，其中除了超声波探测只能进行单车道交通信息采集外，其余两种探测技术都可以进行多车道交通信息采集。由于安装维护简单，路面非接触式交通信息采集技术发展非常迅速。

一、环形线圈检测器

环形线圈检测器是一种基于电磁感应原理的车辆检测器，传感器是一个埋在路面下面、通过一定工作电流的环形线圈。当车辆通过线圈或停在线圈上时，车辆引起线圈回路电感量的变化。检测器检测出变化量就可以检测出车辆的存在，从而达到检测目的。

环形线圈具有一定的电感，其电感的大小取决于它的周长、宽度、截面的有效半径、圈数以及周围介质的情况。当车辆通过环形线圈上方，造成其电感值降低。加入一定频率的交流信号，通过检测环形线圈两端的电压，即可检测出电感值的变化。变化的电压产生脉冲，滤波后，测量脉冲的个数即为车辆的个数，占空比即为占有率。

当车辆进入环形线圈的检测区域时，汽车（作为金属体）本身产生涡流（感应电流），由于涡流的反磁场作用使线圈的电感量发生变化，从而导致振荡器的电性能也发生变化（即阻抗变化、相位变化、谐振频率变化）。检测电路经一系列处理后，输出一个与汽车通过相应的输出信号。当无车通过时，谐振回路的谐振频率与外加激励信号的频率相等，此时谐振回路处于谐振状态，检测器无输出。当车辆通过时，车身金属中感应出涡流电流，涡流电流使磁场磁力线减少，调谐电路中的环形线圈电感值也随之降低，从而引起电路调谐的频率上升。检测处理单元就是通过对振荡频率的反馈电路的频率改变或者是相位偏移的响应，得出一个检测到车辆的输出信号。

环形线圈检测器主要分为通过型环形线圈检测器和存在型环形线圈检测器两类。

通过型环形线圈检测器的检测线圈是无源地磁感应线圈，即环形线圈无源激励。当汽车从环形线圈上方通过时，因汽车系金属，必然干扰环形线圈周围的地磁场，改变线圈周围的磁力线分布，从而导致磁通量变化。由于这一变化，根据法拉第电磁感应原理，线圈两端有感应电动势产生。

存在型环形线圈检测器属于有源激励检测。它需要在环形线圈两端加上一个具有一定振荡频率的激励源。其工作原理如前所述。

环形线圈检测器可检测流量、占有率、车速、排队长度等，用于流量检测时，线圈长度尽可能地小于车间距；对于车速和占有率检测，在实际应用中，大多采用两个技术参数完全相同的线圈，既可用来检测车速，又可用来检测占有率。

环形线圈的安装一般有两种方式。一种是埋入路面下，优点是抗干扰能力强，受道路车辆冲击小。缺点是安装工程量大，破坏路面，安装时影响交通，维护工作量大。另一种是在路面切割出槽，将环形线圈放入槽中，再通过一些特殊胶对其密封，该方法减少了工作量，但还是会破坏路面，维护不方便。

二、超声波检测器

超声波检测器由超声探头和检测电路两部分组成。超声波检测器是通过接收由超声波发生器产生并经车辆反射的超声波来检测车辆的。超声波检测器同微波雷达探测器一样，可用来探测距离和速度。

超声波检测器发出频率在 20 ~ 65kHz 之间的声波。检测器一般安装在车道的正上方，向车道发射超声波束，形成测量区域。发射的声波被路面或测量区域内的车辆反射或散射。

超声波车辆检测器的工作原理可分为两种：传播时间差法和多普勒法。

（一）传播时间差法

这是一种将超声波分割成脉冲射向路面并接收其反射波的方法。当有车辆经过时，超声波会经车辆提前返回，检测出超前于路面的反射波，就表明车辆存在或通过。

（二）多普勒法

超声波探头向空间发射超声波同时接收信号，如果有移动物体，那么接收到的反射波信号就会呈现多普勒效应。利用此方法可检测正在驶近或正在远离的车辆，而不能检测出处于检测范围内的静止车辆。

由于超声波检测器采用悬挂式安装，这与路面埋设式检测器（如环形线圈）相比有许多优点。首先是不需破坏路面，也不受路面变形的影响；其次使用寿命长，可移动，架设方便，在日本交通工程中被大量采用。其不足之处是容易受环境的影响，当风速在 6 级以上时，反射波产生飘移而无法被正常检测；探头下方通过的人或物也会产生反射波，造成误检。所以，超声波检测器要按照一定的规范安装。

三、微波检测器

微波车辆检测器（Microwave Traffic Detector，MTD），是利用雷达线性调频技术原理，对路面发射微波，通过对微波信号进行高速实时的数字化处理分析，检测车流量、速度、车道占有率和车型等交通流基本信息的非接触式交通检测器。微波车辆检测器是一种价格低、性能优越的交通检测器，可广泛应用于城市道路和高速公路的交通信息检测。

常用的微波检测器有雷达测速仪和微波车辆检测器。

雷达测速仪主要应用于道路交通巡逻、车流速度检测等方面，利用多普勒原理测量移动车辆的速度。在观察光波、声波、电磁波时，如果波源和观察点之间发生相对运动，其频率便会随之发生改变（多普勒原理），根据测量的频率变化量可以反推得到车速。

微波车辆检测器采用侧挂式，在扇形区域内发射连续的低功率调制微波，并在路面上留下一条长长的投影。以2m为1层，将投影分割为32层。用户可将检测区域定义为一层或多层。根据被检测目标返回的微波，测算出目标的交通信息，每隔一段时间通过异步传输标准接口向控制中心发送。它的车速检测原理是：根据特定区域的所有车型假定一个固定的车长，通过感应投影区域内的车辆的进入与离开经历的时间来计算车速。一台RTMS（微波车辆检测器）侧挂可同时检测8个车道的车流量、道路占有率和车速。

微波车辆检测器的测量方式在车型单一，车流稳定，车速分布均匀的道路上准确度较高，但是在车流拥堵以及大型车较多、车型分布不均匀的路段，由于遮挡，测量精度会受到比较大的影响。另外，微波检测器要求离最近车道有3m的空间，如要检测8车道，离最近车道也需要7～9m的距离而且安装高度要达到要求。因此，在桥梁、立交、高架路的安装会受到一定限制，安装困难，价格也比较昂贵。

四、地磁车辆检测器

地球的磁场在几千米之内是恒定的，但大型的铁磁性物体会对地球磁场产生巨大的扰动。当车辆通过时对地磁的影响将达到地磁强度的几分之一，而地磁传感器可以分辨出地球磁场1/6000的变化，因此地磁车辆检测器是通过探测车辆通过时对地球磁场产生的扰动来探测车辆的。

地磁车辆检测器是一种被动式检测器，它本身不发射任何信号，其主要由地磁探头和检测电路组成，探头是呈筒状的非金属密闭棒，内有一个带有磁心的电感线圈。当车辆通过时，对地磁场产生扰动，使探头线圈上产生感应电动势来检测车辆的通过，属于通过型车辆检测器。地磁车辆检测器对车速有一定要求，因此在车速较低的路段不宜采用。

该技术具有极高的灵敏度，在国外的应用非常广泛。这种利用车辆通过道路时对地球磁场的影响来完成车辆检测的传感器与目前常用的地磁线圈（又称地感线圈）检测器相比，具有安装尺寸小、灵敏度高、施工量小、使用寿命长、对路面的破坏小（有线安装需要在路面开一条 5mm 宽的缝，无线安装只需在路面打一个直径为 55mm、深150mm 的洞，当在检测点吊架或侧面安装时不用破坏路面）等优点，在 ITS 的信息采集中起到非常重要的作用。

第三节　视频交通动态信息检测系统

一、视频采集检测器原理

（一）视频采集检测器的概述

视频摄像机最早用于道路监测，即道路检测的第一发展阶段。目前随着微处理器价格的不断降低和性能的不断提高，人们开始应用图像处理的方法，分析所拍摄的图像，得到用于交通监视和控制用的信息。视频图像处理（Video Image Processors，VIPS）可通过地面上的一台摄像机代替多个环形线圈，并且可提供更低的维护费用。一些 VIPS 系统可以处理多个摄像机拍摄的数据。

VIPS 可用来辨识车型，测量车辆位置（车辆排队检测、停车车辆检测）、车流量、占有率、车速，并且观测道路车辆密度，检测违章车辆，辨识车辆号，检测交通事故。

一台摄像机可观测多个车道。

目前，大多数 VIPS 可以按全帧速度 30 帧 /S 处理图像，处理器有的位于相机内，有的位于检测系统的路边控制箱内。

摄像机（目前一般用面阵 CCD 电荷耦合器件做摄像头）对车辆进行拍摄，将拍摄到的图像进行存储并数字化，用算法对图像初步处理，去掉多余信息。接着对图像进行分区，按一定算法对各分区图像处理，提取特征信息。根据特征信息进行车辆记数、分类。根据相邻图片来计算车速，最后在拍摄区域内跟踪所辨识出的车辆。

由于每帧图像包含数十万个像元，摄像频率约 30 帧 /s，所以需要大量的存储空间。为了减少像元所占存储空间，提高实时处理速度，通常在多帧图像中取 1 帧中的一些特定线段作为检测线进行处理。一旦选定检测线，图像处理机中的处理程序就估测无车时检测线上的背景强度处有车辆存在或通过，否则就表示无车通过。

视频采集检测以视频图像为分析对象，通过对设定区域的图像进行分析，可以得到交通信息。而且视频检测的数据可输入到交通信号控制系统，这样电视监控系统和交通信号控制就可以有机地集成到一起。利用视频在线检测，除可以提供一般的交通统计数据外，还可以进行事件识别，如交通阻塞、超速行驶、非法停车、不按道行驶、逆行等事件。因此，视频采集检测受到了人们的青睐。

视频类采集方法，安装方便，摄像机可以覆盖较宽的区域，一台摄像机可以最多覆盖 6 条车道，进行真正意义上的大区域检测。在 ITS 系统中，将视频法用于公路交通流量、车型分类统计、车速的数据采集是较为适用的，但若用于更多的交通情况调查，如出行信息、OD 调查等，就显得无能为力了。

视频采集检测技术的优点是：由于是在显示器视频图像的车道中设置虚拟的检测区域，所以不会因道路的维护和养护而使其中断交通检测；设备安装简单方便，安装维护过程中无须封闭车道，也不用开挖路面，成本相对较低。

缺点是：易受天气、光线变化、阴影、遮挡等条件的影响，如大雾天气摄像机无法完全捕捉车辆信号时会影响数据的精确度。

（二）视频采集检测算法

在视频采集检测技术中，图像处理技术是关键。要使图像处理技术达到实用的目的，如何实施准确的图像分析，并得到分析结果是关键。在视频采集检测过程中，图像处理的数据量是非常庞大的，而同时要进行的还有其他统计、计算和控制操作。因此，在视频采集检测系统中，如何设计交通流检测算法和以何种算法提高系统的实时性和检测精度是需要解决的主要问题。

视频采集检测算法是整个视频车辆检测系统的核心，其好坏将直接影响系统的检测精准度和检测效率。其可分为如下四类：知识型、运动型、立体视觉型和像素强度型。

1. 基于知识的方法

利用车辆的形状、颜色、对称性等信息，以及道路和阴影等常识信息进行相关检测。该方法简单、直观，更易于编程实现，但需要估计多个经验阈值，如车辆长宽的经验比值、车辆边缘的最小长度、车辆阴影与道路的灰度差异阈值等。经验阈值准确与否，直接关系系统性能的好坏。

2. 基于运动的方法

利用序列图像之间存在的大量相关信息进行车辆的预检测，主要有光流法和运动能量法两种。光流法能检测出独立运动的对象，无须预先知道场景的任何信息，且适用于摄像机移动的情况。其缺点是费时，对过于复杂、过快或过慢的运动检测效果不好，不适合实时系统。运动能量法能消除背景中的振动像素，使按某一方向运动的对象突出显示，但只能估计出运动对象的大概位置，而不能精确提取出对象。

3. 建立在视差或频差理论基础上的机器立体视觉

运用两台或多台摄像机对同一景物从不同位置成像获得立体图像时，通过各种算法匹配出相应像点，从而恢复深度（距离）信息。该方法能在车速很小时直接检测其位置，但它要求正确标定摄像机，而受车辆运动或天气等因素影响，这是很难做到的。在基于立体视觉的车辆检测中，常用 IPM（Inverse Perspective Mapping，逆透视变换）法估计图像中车辆及障碍物的位置。

4.基于像素强度的方法直接检测帧间变化

主要有时间差分法和背景差分法。时间差分法是在一较短的时间内检查相邻各帧之间像素强度的变化，非零像素被认为是运动对象所造成的。该方法适合于动态变化的环境，但不适合摄像机运动的情况，也不能完整提取运动对象。背景差分法，现有的背景模型基本是建立在统计模型基础或其变种之上的。该方法快捷简单，实时性较好，适合运动快且形变较大的运动目标，但不适合有全局运动的场景，如不平坦或弯路较多的道路等。

虽然视频车辆检测算法发展至今已有几十年，但解决下列问题仍是一项长期的任务：

第一，车辆在尺度、位置、方向上的变化。例如进入视野的车辆具有不同的速度，在形状、大小、颜色等方面都会产生变化。

第二，车辆的外观受车辆的观察角度和邻近物体的影响。同时，车辆之间的遮挡、光照条件的改变也会对车辆的外观造成一定影响。

第三，道路两边的场景在持续变化，环境光照随时间和天气改变。

第四，巨大的图像处理任务与系统的实时性要求。

因此，视频车辆检测算法在识别速度和准确度上与人们的预想还有很大差距，今后的发展方向应该体现在提高算法的速度、准确度、自适应性等方面。

（三）视频采集检测器原理

通常视频采集检测技术分为两大类：基于虚拟传感器（虚拟点、虚拟线、虚拟线圈）的非模型交通信息检测技术，适合采集道路交通的基本信息；基于目标提取和模型跟踪的交通信息检测技术，除能完成道路交通基本信息的检测外，主要用于提取运动目标属性及分析目标行为，可作为深层次信息的检测手段。

1.基于非模型的交通信息检测

1982年，以虚拟点为处理单元的交通参数提取方法被提出，这是早期的非模型交通信息检测思想，为交通参数的视频检测奠定了基础。非模型交通信息检测技术仅能检测指定区域内移动的像素群，不需要理解像素群的具体含义。该技术无法识别检测目标的属性，没有目标物体看起来"像什么"的概念。此类技术通常是在车道上设置一些虚拟传感器（虚拟点、虚拟线或虚拟线圈），当有车辆经过这些传感器时，引起图像中局部区域内容的变化，处理这部分变化的信号，可以提取所需信息。

为提高检测的可靠性和稳定性，人们又提出用虚拟线等替代虚拟点来测量交通参数，该方法通过检测虚拟线上的像素强度变化来检测过往车辆；同时通过在道路垂直方向设置多条平行的检测线，还可以检测车辆的通过速度。在此基础上，利用虚拟检测线组，可实现多车道车流量和车速等参数的提取。之后学者们又提出了基于虚拟线圈的检测技术，该技术可以根据实际情况自动调整虚拟线圈大小，进一步提高了可靠性。另一方面，为了利用图像中更多的信息提高检测可靠性，充分利用车道间的水平检测线像素在 HIS 彩色空间的颜色信息，研究了基于彩色虚拟检测线的交通参数提取方法。

2. 基于模型的交通信息检测技术

同非模型交通信息检测技术相比，基于模型的交通信息检测技术具有如下优势：不仅具有非模型检测系统的大部分功能，还可以提取诸如车辆形状、属性等信息，提高检测精度；同时还可以实现车辆的运动轨迹跟踪，分析车辆以及驾驶员的行为。

该技术是通过视频分割提取运动目标，跟踪该目标，以提取交通参数。因为基于模型的交通信息检测技术是以大范围区域作为处理对象，克服了非模型技术中的小范围处理易受噪声干扰的不足；不受车道的影响，参数提取时不需考虑车道分布；处理范围更大，获取的交通信息量更多、更全面。但是，由于计算机视觉技术的研究还不够成熟，有大量需要解决的问题。目前的研究主要集中于以下几个方面：①高效的背景更新技术；②多运动目标的检测技术；③高效的目标跟踪技术；④稳定的目标特征检测及匹配技术；⑤运动行为分析技术等方面。

总体看来，该技术多是在基于背景差分的视频分割的基础上，提取运动目标，并在设定区域内对其进行跟踪，提取并分析相关信息。

二、视频采集检测器的应用

任何基于视频采集检测技术的视频采集检测器都具有以下功能:

(一)提供准确的交通参数

每个检测区域都具有故障检测、事故检测和交通数据的收集功能。每个检测区域可以根据用户所选择的时距间隔,记录诸如流量、占有率、车速、密度、车长等交通数据。

(二)自动检测事故

每台摄像机在任何一个检测区域都可以被设置用来进行交通事故的自动检测和输出,可对事故进行实时监视,如车速过快和过慢、车辆行车方向错误、车辆延迟时间过长、车道占有率过高、车队队列过长、违章停车、车辆闯红灯,并可启动高解像度数字摄像机,拍下违反交通规则的车辆号牌。

视频检测器主要由计算机、视频图像数字采集(A/D)、相关交通事件视频检测软件及数据传输等四个部分组成。

依据不同的道路状况和环境,交通视频检测器又可分为:高速路、快速路和大桥专用的交通事件检测器。

交通事件视频检测器的功能是:检测并记录停车、逆行车、行人、丢弃物、平均车速、车流量、车间距和车道占有率等。该项产品具有检测准确、灵活、信息丰富,并可根据不同道路环境灵活设置参数,可采用固定摄像机也可以使用快球。

第一,广域交通事件视频检测器用来检测并记录突发事件。摄像装置可为云台式摄像机也可为快球式。广域交通事件视频检测器,可人工控制检测,还可自动检测。在自动检测时,系统自动学习 2~3min,便可转入自动监测状态。该项产品方便、灵活,不需要设定任何参数,且可自动学习训练,智能化程度高。

第二,车辆排队视频检测器的功能适用于检测车辆排队的长度。

第三,隧道专用交通事件视频检测器主要用来检测记录交通事故(撞车、起火)、违章停车、慢行车辆、逆行车辆、行人横穿马路、丢弃物、火、烟等。

视频处理器的核心是视频处理算法，包括视频采集、视频数字化、车辆检测和车辆跟踪或交通参数提取四个阶段。

在车辆检测阶段，通过有无车辆的虚拟检测域进行对比，检测到车辆，进行车辆计数即交通量并提取若干车辆特征参数。连续数帧视频中，用车辆检测阶段提取的特征参数跟踪车辆，然后对视频帧进行比较，并根据帧的时间间隔和由检测域栅格确定的空间距离，就可计算出车速、车头间距等参数；由交通量和车速可进一步确定占有率等参数，视频处理可达到 30 帧 /s 视频，同时可以满足数据实时性的要求。

此外，视频处理器通过检测交通参数的突变，如速度骤减、占有率骤升等，通过设置阈值，并运用事故检测算法，可检测到不同类型的事故，如车辆停止、车辆排队、车辆阻塞、行车方向错误等。

经过视频处理，视频车辆检测器可产生所需的各种交通数据，包括交通量、车速、占有率、车头距离、车型分类、车辆排队长度等，能够进行交通参数检测（交通量、车速和占有率）、停车车辆检测、车辆排队检测、自动事故检测等，并可用于匝道控制。

高速公路沿线设置的摄像机采集高速公路上的检测视频，传输到监控中心，连接到视频处理器上。通常 1 台视频处理器能连接 4 路检测视频。视频处理器对检测视频进行分析处理，获取交通参数后，将数据通过多串口卡传送到监控计算机中存储，将视频图像接入视频切换矩阵，送到监视器中显示。监控计算机需要配置图像采集卡，进行视频显示，从而可以利用监控计算机进行虚拟检测域的设置。目前，视频车辆检测器主要考虑城市道路监控的应用，在高速公路监控系统中应用时，通常需要对所采集的交通参数进行二次开发与利用，如进行交通阻塞分析、交通事故分析等，此时需从监控计算机读取数据进行分析。目前视频车辆检测器通常带有监控软件，该软件运行于监控计算机中，采用服务器 / 客户机的软件模拟，用户需进行客户机软件编程，利用服务器软件所提供的接口函数，以达到从监控计算机中读取交通参数的目的。

第四节　射频识别技术

一、RFID 检测器系统的组成

（一）系统基本组成

典型的射频识别系统主要包括三个部分：电子标签（又称为射频卡、应答器）、读写器（又称为阅读器、读头、扫描器）以及后端计算机。

1. 电子标签

电子标签（Tag or Label）是射频识别系统真正的数据载体，一般保存有约定格式的电子数据。典型的电子标签电路主要由天线和微型芯片构成。标签中的天线用于接收读写器的射频能量和相关的指令信息，发射携带有标签信息的反射信号。标签芯片射频前端的主要功能是：将标签天线端输入的射频信号整流为供标签工作的直流能量；对射频输入的 AM 调制信号进行包络检波，得到所需信号包络，供后级模拟端比较电路工作使用；将数字电路部分送来的返回信号对天线端进行调制反射。模拟前端的主要功能是：为芯片提供稳定的电压；将射频输入端得到的包络信号进行检波得到数字电路所需的信号；为数字电路提供上电复位信号；提供芯片的稳定偏置电流；为数字电路提供稳定的时钟信号等。数字电路部分是电子标签的大脑中枢，通常是一个电路芯片，内部包含控制逻辑、加密逻辑、微处理器以及数字存储器等，其主要功能是存储被识别物体的信息内容，并可在外部供电的情况下，通过对读写器发出的相关指令信息的判断，做出必要的数据处理及输出相关的数据信息。

在实际应用中，电子标签通常附着在被识别物体的表面或嵌入在物体的内部。标签内存储有被标识物体的属性、状态、编号等信息。这些信息可以由读写器以无线电波的形式非接触地读取。按照供电方式的不同，电子标签可分为有源标签和无源标签。有源是指标签内有电池提供电源，其作用距离较远，但寿命有限、体积较大、成本高，且不适合在恶劣环境下工作使用；无源标签内无电池，它利用波束供电技术将接收到的射频能量转化为直流电源为标签内电路供电，其作用距离相对有源标签短，但寿命长且对工作环境要求不高。

2. 读写器

读写器是连接应用系统和电子标签的桥梁。其基本任务就是启动电子标签，与电子标签建立通信并在应用系统和电子标签之间传送数据。所有系统的读写器均可以简化为两个基本的功能块：控制单元和由发送器及接收器组成的高频接口。

读写器的高频接口担负着以下任务：产生高效的射频信号，以启动电子标签或为它提供能量；对发射信号进行调制，用于将数据安全地传送给电子标签；接收并解调来自电子标签的高频信号。在高频接口中有两个分割开的信号通道，分别用于往来电子标签的两个方向的数据流传输。发送给电子标签的数据通过发送器分支，而来自电子标签的数据通过接收器分支来接收。读写器的控制单元担负下列任务：与应用系统进行通信，并执行应用系统软件发来的各种命令；控制与电子标签的通信过程；对发送信号进行编码和对接收信号进行解码。

对于复杂的系统还要有如下附加的功能：对读写器与电子标签间传送的数据进行加密和解密；执行反碰撞算法；进行读写器与电子标签的身份验证。

3. 后端计算机

读写器与应用系统软件之间的数据交换是通过读写器接口来完成。接口可以是RS232 或 RS485 串口，也可以是 RJ45 以太网以及无线 WLAN 接口。其通信协议一般是在标准协议基础上进行自定义的协议。

（二）射频识别系统的基本特征

射频识别系统种类繁多，可从以下基本特征进行区别：射频识别系统的基本工作方式可以分为全双工（FDX）和半双工（HDX）以及时序系统（SEQ）。对于全双工和半双工系统来讲，电子标签的响应是在读写器接通高频电磁场的情况下发送出去的。与读写器本身信号相比，电子标签的信号在接收天线上非常弱，所以必须使用合适的传输方法，以便将标签信号与读写器信号区分开。实践中使用的电子标签到读写器的数据传输方法通常有负载调制、有副载波的负载调制以及读写器发射频率的谐波。在时序方法中，读写器的电磁场周期性断开，这些间隔被标签识别出来，并被用于标签到读写器的数据传输。此方法的缺点是，在读写器发送间歇，读写器对标签的能量供应中断，这样标签就必须配置足够大的补偿电容来存储能量，以便标签能够连续不断地工作。

射频识别系统标签的数据存储量通常在几个字节到几千个字节之间。但也有一个例外，就是 1 bit 应答器，它只有 1 bit 的数据量，使阅读器能发出两种状态的信号：在电磁场中有或无应答器，因此该应答器不需要芯片，生产成本低，大量应用于商品防盗系统中。

电子标签能否写入数据也是区分射频识别系统的一个特征。对一些简单的系统来说，电子标签的数据组是很简单的（序列）号码，是在加工芯片时集成进去的，以后不能改变。而可写入的电子标签，可通过读写器写入数据。为了存储数据，主要使用三种方法：带电可擦可编程只读存储器（EEPROM）、铁电随机存取存储器（FRAM）和静态随机存取存储器（SRAM）。一般采用 EEPROM 存储数据。FRAM 与 EEPROM 相比，具有写入功耗小、写入速度快等特点，但由于生产问题未能广泛应用。SRAM 写入速度更快，但要长久保存数据需要辅助电池供电。

对可编程系统来说，必须由数据载体的"内部逻辑"控制对存储器的写读操作以及对写 / 读授权的请求。最简单的情况就是使用状态机来完成对电子标签内部逻辑的控制功能，也可采用微处理器来控制。采用状态机模式成本较低，采用微处理器模式更加灵活，软件可以调整以适合各种专门应用。利用各种物理效应也可以存储电子标签的数据，例如声表面波射频标签。

射频识别系统的一个重要特征就是系统的工作频率和作用距离。通常把读写器发送时使用的频率称作射频识别系统的工作频率。不同频率的射频识别系统也具有不同的特点，有着不同的技术指标和应用领域。其中，中低频段近距离 RFID 系统主要集中在 125kHz ~ 13.56MHz 系统；高频段远距离 RFID 系统主要集中在 915MHz、2.45 ~ 5.8GHz，915MHz 频段的远距离 RFID 系统在北美已经得到了很好的发展；欧洲的应用则以有源 2.45GHz 系统较多；5.8GHz 系统在日本和欧洲均有较成熟的发展。

对于车辆自动识别系统，要在车辆行驶状态下采集车辆信息，要求系统的识别速度必须足够高。在已公布的 RFID 国际标准 ISO/IEC 18000 草案中可以看到，适用于车辆自动识别管理的 RFID 系统可用的工作频率为 UHF、MW2.45GHz 和 5.8GHz。

二、射频识别系统的工作原理

RFID 系统也是一个数字通信系统，读写器与电子标签之间的数据传输同样需要三个主要功能块，即发送端（读写器或电子标签）的信号编码与调制器，传输介质以及接收端（电子标签或读写器）的解调器与信号译码。

（一）电子标签至读写器的数据传输

射频识别系统中读写器和电子标签之间的通信通过电磁波来得以实现，按照通信距离可分为远场和近场。读写器和电子标签之间数据交换方式也相应地称为负载调制和反向散射调制。

1. 负载调制

对于电感耦合系统，读写器天线和电子标签天线之间可看作一种变压器模型。在这种情况下，电子标签天线上负载电阻的接通和断开，将反映在读写器天线上的电压发生变化，从而实现用远距离电子标签对读写器天线上的电压进行振幅调制。如果通过数据控制负载电压的接通和断开，那么这些数据就能够从电子标签传输到读写器。这种数据传输方式称作负载调制。

还有一种特殊的负载调制称为使用副载波的负载调制。由于读写器天线与电子标签天线之间的耦合很弱，读写器天线上表示有用信号的电压波动在数量级上比读写器的输出电压小。以 13.56MHz 系统来说，当天线电压大约为 100V（通过谐振使电压升高）时，只能得到大约为 10mV 的有用信号，而要检测这些很小的电压变化需在电路上花费巨大的开销，为避免这种巨大的开销，可利用由天线电压振幅调制所产生的调制波边带的方法。其基本原理为：如果电子标签的附加负载电阻以很高的时钟频率 f_H 接通或断开，那么在读写器发送频率相距 $\pm f_H$ 的频率轴上产生两条谱线，这种新的基本频率称作副载波。数据传输是及时在数据流中通过振幅键控、频移键控或相移键控调制来完成的，这种方法称为副载波的振幅调制。

2. 反向散射调制

在典型的远场，如 915MHz 和 2.4GHz 射频识别系统中，读写器和电子标签之间的距离有几米，而载波波长仅有几到几十厘米。读写器和电子标签之间的能量传递方式为反向散射调制。反向散射调制技术是指无源电子标签将数据发送回读写器所采用的通信方式。电子标签返回数据的方式是控制天线的阻抗。控制电子标签天线阻抗的方法有许多种，但都是基于一种称为"阻抗开关"的方法。实际采用的几种阻抗开关有变容二极管、逻辑门、高速开关等。

要发送的数据信号是具有两种电平的信号，通过一个简单的混频器（逻辑门）与中频信号完成调制，调制结果连接到一个"阻抗开关"，由阻抗开关改变天线的反射系数，从而对载波信号完成调制。这种数据调制方式和普通的数据通信方式有较大的区别，在整个数据通信链路中，仅存在于一个发射机，却完成了双向的数据通信。电子标签根据要发送的数据通过控制天线开关，从而改变匹配程度。

例如，要发送的数据为"0"时，天线开关打开，标签天线处于失配状态，辐射到标签的电磁能量大部分被反射回读写器；当要发送的数据为"1"时，天线开关关闭，标签天线处于匹配状态，辐射到标签的电磁能量大部分都被吸收了，从而反射回的电磁能量相应地减小了。这样，从标签返回的数据就被调制到返回的电磁波幅度上，这有些类似于 ASK 调制。

三、基于射频技术的车辆检测与识别系统

基于射频技术的车辆检测与识别系统目前较好地解决了车型识别问题。它不仅具

有适应性强、识别正确率高、可全天候使用的特点，还很容易与计算机网络、数据库等技术融合，目前被广泛应用于道路的不停车收费（ETC）系统中。

射频识别不停车收费系统是由车载 RFID 标签卡与收费站阅读器之间形成的一个信息采集模块，它是信息从车载标签到收费站之间的一个通信过程。由于高速公路电子不停车收费过程的特殊性，就要求具备如下的一些特点：读取时间较短，由于车辆的运行速度都非常快，为了充分发挥 ETC 收费系统的优势，就要求收费站阅读器与车载 RFID 标签卡之间的通信非常快，同时还要保证读取数据的准确性。读取距离较远，由于 RFID 标签卡要求放置车辆的挡风玻璃某一位置，而考虑到经过车辆的类型的不同，收费站阅读器天线又固定安装在一定的高度上，此时阅读器和标签之间的通信距离一般都在 m 一级的单位，所以系统中就要选择特定频段的 RFID 系统。读取范围较大，由于经过收费站车辆的类型各异，标签的位置又很难确定，此时就要求阅读器天线系统的识别有一定的范围面积，这样才能保证各种类型的车辆标签的读取。

射频识别不停车收费系统主要分为自动识别控制系统、数据采集系统、信号控制系统。

自动识别控制系统主要是由射频识别读写器、UHF 射频电子标签、天线、收费计算机终端等组成，它是不停车收费系统的核心，负责控制不停车收费车道所有设备的运行、收费业务操作的管理。射频读写器的主要参数：可读写标签 ISO-18000-6B 标准的电子标签；工作频率 902 ~ 928MHz；输出功率 20 ~ 32dBm；读取距离 W8m，写入距离 W5m；具有防碰撞检测功能，一次可成批读取 10 张电子标签；每隔一定时间自动读卡；外形尺寸 450mm×450mm×40mm；不锈钢外壳，整机总质量约 4kg。

数据采集系统主要由射频天线和射频电子标签构成。射频电子标签被安装在汽车挡风玻璃内侧的汽车平台的左、中、右皆可。在电子标签上写有标签编号、车号、车主、车型、剩余金额等信息。射频天线被安装在收费站的龙门架上，它通过微波技术从车内的射频电子标签卡上读取有关信息，并同步传送给车道控制主机。

信号控制子系统主要由通行信号灯和自动栏杆等组成，用于提示驾驶员正确使用不停车收费车道。

鉴于阅读器顶装的效果较好，所以将阅读器读头架高成正顶式，读头距离路面的高度为5m，读头方向与车行方向成45°倾角。读头采用悬挂式安装，可固定在高速公路龙门架上面，或者门厅的横梁上，普通照明用电220V即可，计算机放置在龙门架附近的工作间内。

收费站不停车收费一般采取混合收费方式，既有不停车收费车道，又保留半自动收费车道，其主要特征如下：车道控制机将收集到的数据上传至后台系统，进行数据交换和清算等，并将需要发布的结果下传车道。射频识别不停车收费系统不需要专门的收费员进行操作，它利用射频自动识别技术，完全通过设备本身来完成对通行车辆的收费工作。

系统的频率设在 UHF 频段，902 ~ 928MHz，需要大约 5m 的读写距离和很快的读写速度。车辆的大小和形状不同，射频电子标签一般是在车的挡风玻璃后面。在收费车道中，开设部分 ETC 专用收费车道，与半自动收费车道并列设置。目前最现实的方案是将多车道的收费口分为两个部分：自动收费口、人工收费口。车辆通过收费车道的车速较低，通常车速为 30 ~ 50km/h，通过率为 600~1000 Wh。天线架设在道路龙门架的上方。收费车道入口设置不停车收费车道标志和信号灯。在车道出口端设置自动栏杆，以防无卡车辆通过。车辆进入通信区，通过架设在龙门架上的射频读写器的微波天线，车载标识卡响应天线的询问信息，将客户身份与车型代码上传给车道天线，由天线转送给车道控制机进行核查，如为有效合法卡，车道放行，信号灯变绿，如果进一步交换信息，读写数据，可继续通信，直到收费过程结束，指示灯及语音提示司机收费是否完成，成功后车辆即可通过。如果进入车道的车辆为非法无效卡车，或是无标识卡的车辆，车道控制机将根据天线传送的信息，读写器指示灯指示车辆进入备用的人工车道，对于误闯的车辆，指令自动栏杆关闭，拦截非法车辆，并发出声光警报，现场人员将对其进行及时处理。人工车道收费口仍维持现有的操作方式。

存储有车型、车号、金额等信息的射频电子标签被安装在汽车前方挡风玻璃内侧的汽车平台前方，当持卡车辆进入不停车收费车道时，射频识别读写器读取 UHF 电子标签上的信息（车型、车号、剩余金额、有效期）。从车载射频电子标签读取的信息被送到车道控制计算机内进行分析比较，应缴金额小于剩余金额，车辆通过的时间在卡的有效期内，被认为是有效卡，否则就是无效卡。如果来车所持射频电子标签为有效标签，则通行信号灯由红色变成绿色，信号灯呈现直行的，自动栏杆抬起；否则通行信号灯仍为红色，信号灯呈现右转车道的标志，自动栏杆未抬起，等待人工来处理，人工收费后方可放行。

射频电子标签的销售和费用结算均在购卡中心进行。预付费电子标签，即先付费后通行的电子标签。该标签的发行面向社会，用户仅需要到购卡中心购买存有一定金额的电子标签，即可使用不停车收费车道。每次使用时，系统会在出站时自动扣除该车的应缴金额。该电子标签可以重复使用，当标签中的剩余金额不足时，可以到购卡中心重新存入一定的金额到电子标签中，以保证其有效性。

第五节　基于空间定位技术的交通信息采集

基于无线定位的动态交通信息采集主要有两种不同的原理及方法，一是利用全球定位系统（GPS）进行定位及检测，二是利用手机网络定位技术进行定位和检测。前者可以提供比较可靠的精度，应用技术比较成熟，但也有一定局限性，如不能在隧道、室内停车场等非开放的场合应用，GPS 终端成本较高。后者主要是依靠基站定位的方式，它的优点是分布面广泛、投入成本低，缺点是精度不太高。

一、基于 GPS 的实时交通信息采集技术

GPS 浮动车（Floating Vehicles Equipped with GPS）自由行驶在实际道路中，也称为 GPS 探测车，它应用 GPS 定位技术，借助安装于车辆内的 GPS 接收机，对车辆的位置和速度进行测量，通过无线通信，获取车辆实时位置和速度数据。GPS 浮动车

交通检测技术采用 GPS 浮动车作为交通数据采集工具，采集浮动车的 GPS 定位数据，获取浮动车交通运行状态的检测值，以此来获取道路交通信息。

利用 GPS 的实时交通信息采集的系统框架结构主要包括车载 GPS 设备、差分基站、中继站和信息中心四部分。

信息中心主要由以下几部分构成：①数据采集服务器；②数据存储服务器；③数据处理 / 分析 / 融合服务器；④ GIS 地理信息系统；⑤大型数据库管理系统；⑥无线通信收发装置。Cast 车载 GPS 接收机主要由天线、变频器、信号通道、微处理器、存储器及显示器和电源部分组成。微处理器是 GPS 接收机工作的灵魂，GPS 接收机的工作都是在微机指令统一协同下进行的。GPS 接收机天线、变频器、信号通道实现对信号的跟踪、处理和伪距测量。存储器存储有卫星星历、卫星历书、接收机采集到的伪距观测值等，目前，都采用半导体存储器（简称内存），以便进行数据处理和定位数据的保存。显示器提供了 GPS 接收机的工作信息。车载 GPS 接收机对 GPS 卫星进行伪距测量，从而计算出接收机所在的空间位置。通过车载 GPS 接收机，可对车辆进行准确的连续定位，定位数据存储在接收机的内置存储器中，通过 GSM 网络实现数据的传输和采集。数据可实时传输，也可存储在接收器的存储器中形成数据包进行定时传输。

基于 GPS 的动态交通流信息采集技术的基本工作流程为：

第一，车载 GPS 接收机利用至少四颗卫星确定车辆的当前位置。

第二，车载计算机存储信息并等待差分信息的校正。

第三，GPS 基准站计算差分信息。

第四，利用基准站的 GPS 信标数字转发器发送差分信息。

第五，数字转发器将差分数据发送到下一个通信站或者它所覆盖的所有车辆。

第六，浮动车辆通过 GSM 通信板接收到差分数据信息，并将差分数据信息解码。

第七，利用差分数据校正车载计算机中存储的 GPS 定位信息。

第八，校准的车辆位置信息以数字包的形式传送到基准站的数字转发器。

第九，数字转发器核实数据传输的质量，然后将其传送到控制中心或者将其转发到下一个通信站直到控制中心。

第十，控制中心的计算机系统对数据进行存储，通过数据的融合处理并与 GIS 数据相匹配；将控制中心接收到的数据信息通过一些处理分析，获得所需要的交通流参数。

将 GPS 定位技术应用于浮动车交通信息采集在理论和现有道路条件下还存在诸多难题，主要有定位误差问题、采样周期问题以及浮动车覆盖率问题：

第一，定位误差。在理想情况下，车载 GPS 单点定时定位误差小于 ±25m，当采用差分 GPS 技术时，车载 GPS 接收器定位误差小于 ±10m，这个精度是非常高的。然而，由于树木、高大建筑及隧道对卫星信号的遮挡，会在一些固定的地点造成 GPS 检测盲区。因此，需要采样适当的方法来减小该误差。

第二，采样周期。由于交通监控中心是通过无线通信网络来传输 GPS 浮动车数据，因此，采样周期的大小直接关系到传输的数据成本问题。采样周期过大，道路交通的"微观"信息可能被过滤掉，不利于交通状态的评估；采样周期过小，数据成本高。理想的情况是希望通过较大的采样周期数据来实现准确的交通信息采集。

第三，浮动车覆盖率。城市主干道某特定路段上可采集到的浮动车样本数反映了浮动车在该路段上的覆盖率。覆盖率的研究是为了减小个体浮动车随机性的影响，保证数据采集的信息量满足交通参数估计精度的要求。根据对交通仿真模型的分析研究，在高速公路上，浮动车覆盖率应大于 3%，在一般道路上，覆盖率应大于 5%。但最近的研究和实践表明满足了浮动车最小覆盖率的要求并不能确保交通状态估计结果一定可靠，还应当充分考虑浮动车的种类是否具有代表性。

二、基于移动手机定位的出行信息采集

（一）手机定位技术概述

利用移动终端定位技术和应用研究成为当前的一个热点问题，全球未来对于移动定位的市场需求将分布在诸多行业，诸如基于位置的信息服务、车队管理、财产跟踪、警队管理、个人安全系统、急救、物流等。移动定位技术应用于交通，只是移动定位技术的一个应用方向。根据定位过程中手机和通信网络执行功能的不同，移动定位技术可分为三类：基于网络的定位技术、基于手机的定位技术和手机辅助定位技术。

第一，基于网络的定位技术由一个或多个基站执行测量，在网络侧进行定位结果的计算。该技术可以支持现有的手机，然而需要对现有通信基站进行升级。

第二，基于手机的定位技术由手机发起测量并计算定位结果。

第三，手机辅助定位技术一般由移动台执行测量，测量结果发送到网络侧进行计算。相对其他类型的定位技术，它会引起信令延迟和加大网络负载（特别当手机是位置信息的需求者时）。该方法也需要对现有手机进行升级。

利用手机的定位目前主要是基于移动网络基站进行的。下面将介绍几种利用手机定位的方法：

1.Cell-ID 方法

通过获得手机当前所在的蜂窝小区的识别号（Cell-ID）来确定手机目前的地理位置。其具体实现过程是：将获得的小区识别号通过已有数据库转化成小区的基站地理坐标或某个显著地理标志。Cell-ID 可以用于 GSM、GPRS 和 WCDMA 网络。它是最简单的描述手机设备所处位置的一种方法。该系统利用蜂窝移动通信系统的蜂窝特性（Cell Global Identity，CGI），即每一个基站覆盖一定区域来确定用户的位置。

因为用户可能处于小区中的任何地方，所以此种方法的定位精度依赖于蜂窝基站的分布密度，国外的研究数据表明蜂窝基站距离通常在 300 ~ 1000m。国内许多大城市的 GSM 网络密度很大，在市区繁华地段，有的甚至平均每 200m 就有一个基站，此时该定位方法的精度可达 100m，采用此方法的优点是对现有的通信网络设施和手机不做改动，只需要添加少量软件处理程序，因此投资最小，最易实现，最简单，但缺点是定位精度即使是在同一个城市都波动很大，甚至还达不到应用要求。

典型的 GSM 小区的直径在 2 ~ 20km 左右，市区采用微小区直径在几百米左右。

CSM 定位的精度受小区的影响很大，所以定位的稳定度很差。这种方法在 GSM/GPRS 网络中可以通过预先定时 TA（Timing Advance，即无线帧起始到数据突发之间的时间）数据，在 WCDMA 中的 RTT 数据的辅助来提高定位精度。此方案较为实用，成本也较低，并且适用于所有现存的移动终端设备，当蜂窝范围较小时（几百米之内）定位精度较好。

2. 增强测量时间差（E-OTD）

在 GSM 中，移动台检测多个相邻基站的传输突发，并测量这些数据由各个不同的基站到达该终端时所用的时间之差，由此时间差终端设备只需调用 E-OTD 算法程序，计算该移动终端用户相对于这些基站所处的位置，就可以实现对移动用户的定位。该方法的精确度取决于测量时间差的方法、相邻基站的地理环境和信号传输的环境。移动设备必须测量至少三个基站的信号以实现二维定位判决，这就需要事先知道这些基站的位置，并且从各个基站发送来的数据必须严格同步。

对 GSM/GPRS 网络，需要在网络侧增加定位测量单元。定位计算是在手机上进行的，还需要对终端进行改造。此外，E-OTD 定位方式为了提供定位信息，必须测量至少三个基站的信号，进行大量的数据信息交换，比其他方法的数据传输所占用的网络带宽也要大。定位精度容易受到信号多径和反射的影响而下降。当处于郊区，周围基站很少时，E-OTD 定位会完全失效。基站分布也会影响定位的性能，例如，当特定地点的基站分布排列成一排时，定位性能就会严重下降。

基于信号强度定位的理论依据是无线信号的大尺度传播模型。在大尺度传播模型中，如果基站采用全向天线，则基站信号功率的衰减为信号传播距离的函数。因此，根据基站发射功率和移动台（手机）接收功率，便可计算出信号传播的距离。手机通过接收并测量来自三个以上的基站的信号强度，可以计算出手机的当前位置。这种方法需要对手机进行硬件升级，它的精度依赖于传播模型的选取，周围的环境参数和同时接收到的基站信号的数目。

3. TOA 方法

几个基站同时测量来自目标手机的信号到达时间。由于电波的传播速度等于光速，从而可求得距离，进而可得手机的位置。此种方法要求同时测量的基站在三个以上才能得到确切的位置。采用此方法，不需要改动现有的手机，但要求通信网络设备升级。同时由于市中心地带多径传播和很小的传播时间延迟，此时定位精度会受到很大的影响。这种定位方式包括 TOA（信号到达时间）定位、TDOA（信号到达时间差）定位。

TOA 定位技术不适用于没有时钟同步的系统（如 GSM）。但只要网络能够为基站提供统一的时间参考，还是可以应用 TDOA 定位。TDOA 技术需要测量的是移动台上行信号到达不同基站的传播时间差。根据移动台信号经不同路径到达两个基站的时间差，可以确定一条双曲线，若能同时测量三个基站的到达时间，便能确定两条双曲线，根据双曲线的交点，可以确定出移动台的位置。基站的时间参考点，可以通过安装 GPS 设备或在网络中设置时间参考点来实现。

TOA 定位方式的优点为使用现有蜂窝移动通信网络与移动终端，在市区定位精度较高。其缺点为要求精确的时间同步，要用时间戳区分信号的发射时间（增加上行链路数据量），且响应时间也较长。

4.TDOA 方法

TDOA 由多个基站同时检测移动台发出的信号，通过移动台信号的传输时间差进行定位，定位精度最高可达 30 ~ 50m。移动台必定位于以两基站为焦点的双曲线上，确定移动台的二维位置坐标需要建立两个以上双曲线方程，也就是说需要至少三个以上的基站接收到移动台信号，三个基站即可确定两对双曲线，两对双曲线的交点就是移动台的位置所在。

TDOA 定位方式的优点是定位精度较高，不要求移动终端与基站之间的精确同步，易于实现，对手机无特殊要求，在非理想环境下性能相对优越。缺点是为了保证基站的定时精度，需改造基站设备，在基站中加装硬件和软件，易受非视距和多路径效应等干扰的影响。

5.AGPS 方法

AGPS 技术是一种结合了网络基站信息和 GPS 信息对移动台进行定位的技术，由移动台的 GPS 接收模块接收多个 GPS 卫星发射的信号，以移动台与多个卫星之间的位置关系进行定位，精度可达到 10m 以内。定位原理如下：AGPS 手机首先将本身的基站地址通过网络传输到位置服务器，位置服务器根据该手机的大概位置传输与该位置相关的 GPS 辅助信息（包含 GPS 的星历和方位俯仰角等）到手机，该手机的 AGPS 模块根据辅助信息（以提升 GPS 信号的第一锁定时间 TTFF 能力）接收 GPS 原始信号；手机在接收到 GPS 原始信号后开始解调信号，计算手机到卫星的伪距（伪距为受各种 GPS 误差影响的距离），并将有关信息通过网络传输到位置服务器；位置服务器根据传来的 GPS 伪距信息和来自其他定位设备（如差分 GPS 基准站等）的辅助信息完成对 GPS 信息的处理，并估算该手机的位置，位置服务器将该手机的位置通过网络传输到定位网关或应用平台。

AGPS 解决方案的优势主要在其定位精度上。在室外等空旷地区，其精度在正常的 GPS 工作环境下，可达 10m 左右，堪称目前定位精度最高的一种定位技术。该技术的另一优点为：首次捕获 GPS 信号的时间一般仅需几秒，不像 GPS 的首次捕获时间可能要 2 ~ 3min。缺点是室内定位的问题目前仍然无法圆满解决；定位实现必须通过多次网络传输（最多可达六次单向传输），这对运营商来说，大量占用了空中资源。

与 GPS 自动车辆定位技术相比，手机定位技术拥有其自身的特点和优势，收集定位误差较大，但普及率高，获取高速公路上车载手机的定位数据相对较容易。目前手机定位误差为 40 ~ 100m，随着移动通信技术的发展，定位精度在不断提高，因此，利用手机定位技术估计道路交通参数具有一定的优势。

（二）手机定位交通信息采集原理及功能

利用手机进行交通信息采集的原理是：手机接收到 AGPS 定位服务器发来的一组辅助数据，利用这些数据计算出距离一组特定的 GPS 卫星的伪距，然后把这一信息发回定位服务器,最后由定位服务器计算出手机位置。对手机位置进行等间隔时间的采样,将位置信息与地图进行匹配,在 GPS 地图中显示出来,同时,将所得的所有手机的时间位置信息数据存储、分析,得到各交通部门所需要的交通数据。

基于手机定位交通信息采集技术是在高效的网络通信系统、精确的 GPS 卫星定位技术和先进的计算机技术的基础上提出的。手机普及率高,集成 GPS 技术手机日益普及,个人导航功能的使用者剧增。GPS 卫星系统民用化,且费用低;AGPS 定位精度高,确保了利用手机定位技术所采集到的交通流参数的精确度。可采集多种交通流参数,这是传统固定式交通信息采集设备所无法比拟的。

所以,相对于传统固定式交通信息采集方法,它的优点非常明显:

1. 覆盖率高

由于手机用户的流动性,能够采集公路网络中很多路段的交通信息,具有明显的覆盖范围广的优势。

2. 成本低

手机的位置数据来自 GSM 网络和 GPS 卫星,从而无须为数据采集付出更多额外成本,只需要支付数据传输所使用的流量费用。

3. 可采集多种交通流参数

通过对手机位置变化数据的处理,可以获得平均行驶车速、密度、交通量等交通流参数。

4. 精确度高

由于手机定位所获得数据的精确度高,处理后所得的交通数据较传统固定交通信息采集方式所获得的交通数据的精确度高。

5. 适应性强

手机定位技术可在恶劣天气情况中正常工作,受环境影响小,可随时获得实时交通信息。

6. 能实时调查动态 OD(交通出行量)

交通出行 OD 一直是交通基本信息调查的一项难点，人工调查的 OD 信息只是一种静态信息，准确率也低，而应用手机定位所采集的 OD 信息是一种动态 OD，对交通监控、诱导具有非常重要的意义。

第六节　各种交通采集技术的比较

在不同的道路、交通和天气条件下，不同的检测技术所表现出来的技术性能具有一定的差异，检测器的选用也不同。最常用的为环形线圈检测器，它能够测量一切需要测量的控制参数，并且与它的能力相比，它的价格是比较低的。就目前来说，环形线圈仍具有足够的准确性和可靠性。

移动式交通采集技术可以提供交通量、行程车速和行程时间等基本交通流信息。虽然各种方式在工作原理和系统构成上存在着较大的差异，但是它们都要求在道路网络中具有足够大的样本量来保证信息采集技术的可实施性和有效性。

固定型交通检测器对行程时间、行程车速和排队长度的检测是困难的，只能由平均车速计算得出。对交通密度只有视频检测器可直接测量，其他的固定型检测器只有检测占有率来替代密度。固定型交通检测器中，首推具有大面积、多车道检测功能的视频检测器，其次是微波检测器。固定型交通检测器，技术比较成熟，有些检测器的性价比高，其检测数据源主要来自道路。

移动型交通检测器主要获取的是大区域的路段交通流参数，其可以检测路段的行程时间、行程车速及瞬时车速等区域性、连续性的交通参数，这也是移动型交通检测器独特的优势，其检测数据源来自移动的车辆。由此可知，移动型交通检测器获取的交通参数主要为城市道路交通规划和道路及交叉口渠化设计所用，而固定型交通检测器采集的交通参数主要用来进行道路交通控制和管理、交通监控等。

在智能交通管理系统中，动态交通流信息检测技术是为了满足各子系统的良好运行而提供信息支持，交通信号控制系统需要车辆出现、路口交通量、车道占有率、车速和排队长度等参数来对路网的交通信号进行实时控制，可以采用环形线圈检测器、地磁检测器、微波检测器、超声波检测器和视频检测器；紧急事件快速反应系统需要路段的车速、车道占有率和排队长度等参数来识别交通状态并进行通信、调度、诱导以及快速反应处理，可以采用视频检测器、微波检测器和环形线圈检测器，以波频车辆检测器为主；交通诱导服务系统需要全路网或区域范围内的交通量、车道占有率、行程车速、行程时间等参数及交通状态信息等，可以采用移动型交通检测器、视频检测器和微波检测器等。智能交通管理系统需要各种类型的动态交通信息，故需要针对具体的应用情况，选择适合于采集这些动态交通信息的交通检测器。

不同类型的交通参数、不同的道路环境条件需要采用不同的交通信息检测技术，在实际应用中就需要综合考虑诸多因素，如智能交通系统对交通信息的需求，检测区域内的交通流构成，被检测道路的功能和规模，检测地区的气候条件，交通检测器本身的技术性能、功能及适用范围等。

在实际使用中，合理选择交通检测器才能达到预期的检测效果。

第一，要对准备选取的交通检测器的性能参数等有深入透彻的了解。第二，根据智能交通系统对交通信息的需求，确定所需交通参数，从而初步拟定采用何种检测器。第三，在实际的设计时还需要考虑当地的实际交通环境（包括气候条件）与所采用检测器的适用条件。第四，要合理设计交通道路，检测器空间布置方案。检测器空间布置方案的确定是非常重要的，如检测器的安装位置、高度和角度的确定，以及与其他检测器的距离、检测区域的布置等。交通检测器空间布置方案设计的合理与否，直接影响到交通检测的精度和效果。第五，在设计时尽量发挥所用检测器的特性，物尽其长，并能够组合运用，以检测更加全面的动态交通流信息。第六，设计时要考虑交通检测器的安装费用和维护费用以及所在城市的经济实力。

综上所述，在实际的交通检测中，根据交通检测需求和道路交通环境条件，在分析比较各种检测器性能及优缺点的基础上，应做到扬长避短，对各种检测方案加以优化设计和综合运用，才能有效地采集到各类动态交通流参数。

第三章 交通信息的传输通信

通信按传统理解就是信息的传输与交换，信息可以是语音、文字、符号、音乐、图像等等。任何一个通信系统，都是从一个被称为信息源的时空点向另一个被称为信宿的目的点传送信息。以各种通信技术，如以长途和本地的有线电话网（包括光缆、同轴电缆网）、无线电话网（包括卫星通信、微波中继通信网）、有线电视网和计算机数据网为基础组成的现代通信网，通过多媒体技术，可为家庭、办公室、医院、学校等提供文化、娱乐、教育、卫生、金融等广泛的信息服务。可见，通信网络已成为支撑现代社会的最重要的基础结构之一。

通信的目的：完成信息的传输和交换。

第一节 交通信息的通信系统需求分析

道路交通运输特定的工作方式就是大范围、高速度移动，这一特点决定了交通系统的通信方式必然是采用以无线电移动通信和数字通信为主的通信技术。

交通信息系统主要由现场设备和中心设备组成。现场设备包括可变情报板、交通检测器站、匝道控制机和摄像机等；中心设备包括计算机、工作站和监控器等。信息通信系统用于保证各组成部分信息交换的有效性和可靠性。主要功能如下：

第一，向现场设备发送指令。

第二，接收现场设备发出的确认信息。

第三，从各种交通检测器中获取交通数据。

第四，监视现场设备的工作状态。

根据实际情况，应用在智能交通系统中的通信系统主要分为以下三个部分：

第一，以路网基础设施为主的信息通信系统，它是利用沿高速公路（或城市道路）铺设的电缆或光纤，将沿线的收费站、管理站、货运站、客运站、交叉路口等基础设施连接而成的一个通信网。

第二，路网与车辆之间的通信系统（Road Vehicle Communication，RVC），它主要是利用无线通信技术（广播或专用短距离通信等方式）来完成路与车之间的信息交换。

第三，车辆之间的通信（Inter Vehicle Communication，IVC），它是利用无线电或红外线完成车与车之间的信息传输。

一、交通信息的传输需求

（一）交通检测站及匝道控制机

交通检测站与匝道控制机一般采用多路轮询方式，一个通道可控制多部控制机，需保证设备运行及通信全天可用性。

（二）其他检测器

交通检测器及道路状况检测器与控制中心之间通过多个低速信道进行通信，采用轮询方式，需保证设备通信全天可用。

（三）可变情报板（VMS）

一般使用现场控制设备，其采用的通信协议要与控制中心系统的协议和数据格式兼容。VMS通信使用与检测器和匝道控制机所用信道类型相同的信道。可变情报板的信息显示要非常快，需保证信息传输的实时性。

（四）视频设备

用于确认交通事件、监视交通拥堵，要求全天工作、传输速率高。

第一，用于确认交通事件，要保证视频图像的稳定性和清晰度，在检测交通事件的检测器出故障时，在检测区域内的摄像机要保证设备运行及通信的全天可用性。

第二，用于监视交通拥堵，要求摄像机能较实时地将现场交通图像传输到控制中心，一般视频图像数据量较大，因而要求信息传输系统要有较高的传输速率。

一条通信信道提供了在两至多点间传送数据的通道。多部设备可以共用一条通信信道传输数据。

二、交通信息的传输媒质

交通信息传输媒质是交通通信系统中发送端（信源）和接收端（信宿）之间的物理通路。传输媒质可分为两大类：有线传输媒质和无线传输媒质。前者包括双绞线、同轴电缆和光缆；后者是以大气层、电离层或对流层作为传输媒质，包括微波、卫星、无线电、红外线等。双绞线用于局域网内，直接连接到计算机，同轴电缆也用于局域网，光缆用于通信子网中主干网的连接，卫星则用于跨国界传输。

在 20 世纪 80 年代，交通信息传输媒质主要采用双绞线和租用的电话线。然而，租用线路费用的提高使得租用线路的使用减少。许多交通控制系统，特别是高速公路交通管理系统，开始使用同轴电缆，因为同轴电缆较宽的带宽可以满足传输闭路电视视频图像的需要。

近年来，光纤通信成为交通控制系统的主要通信媒介。另外，还有区域无线广播网络、地面微波链路、展布频谱无线网络、蜂窝无线网络、分组无线网络和卫星系统等（表 3-1）。

表 3-1　交通系统中的传输媒质

有线方式	光纤、自备的双绞线、租用的电话线路、同轴电缆
无线方式（自备）	区域无线广播网络、地面微波链路、展布频谱无线网络
无线方式（租用）	蜂窝无线网络、分组无线网络、卫星系统

（一）有线传输媒质

有线传输媒质又称为导向介质。常见的有双绞线、同轴电缆、光纤。

1. 双绞线（Twisted Pair）

双绞线又称为双扭线，是由若干对且每对有两条相互绝缘的铜导线按一定规则绞合组成的。这种绞合结构是为了减少相邻线对间的电磁波干扰（串扰）。为进一步加强抗干扰能力，还可在双绞线外层加上金属丝编织的屏蔽层。加了屏蔽层的称为 STP（Shield Twisted Pair），未加屏蔽层的称为 UTP（Unshield Twisted Pair）。

双绞线既可传输模拟信号，又可以传输数字信号。导线越粗，通信距离就越远。

2. 同轴电缆

同轴电缆分为基带同轴电缆，特征阻抗 50Ω，传输速率可达 $10 \sim 100$Mbit/s；宽带同轴电缆，特征阻抗 75Ω，常用于传输闭路电视信号。其中，50Ω 同轴电缆又分为粗缆与细缆。

粗缆，特征阻抗 50Ω，直径 1cm；细缆，特征阻抗 50Ω，直径 0.5cm。

同轴电缆的优点是传输距离较远，覆盖的地域范围较大，技术非常成熟。

但其缺点也是非常明显的，电缆硬，折曲困难，重量大。局域网常使用同轴电缆，但其不适合用于楼宇内的结构化布线，现在较少使用。

3. 光纤

光纤以华人科学家、2009 年诺贝尔物理学奖得主高锟提出的理论为基础，1970 年美国康宁公司研制出全球第一根光纤。

光纤的结构呈圆柱形，内部是纤芯，外部是包层，纤芯采用二氧化硅，掺以锗、磷等材料制成，直径约 $5 \sim 75\mu m$，包壳采用纯二氧化硅制成，直径 $100 \sim 150\mu m$。光纤的最外层是塑料涂层，用以保护纤芯。纤芯的折射率比包壳的折射率高 1% 左右，因而可以使光聚集在纤芯与包壳的界面之间向前传播，形成光波导。

如果纤芯的直径足够细（$5\mu m$ 以内），则光在光波导内的传播只有一种模式，这样的光纤称为单模光纤；如果纤芯比较粗，则在光波导内同时会有多种沿不同途径传播的模式，这样的光纤称为多模光纤。单模光纤比多模光纤具有更高的传输速率。

光纤的潜在频带宽度非常巨大，目前商用已达到 $2 \sim 40$Gbit/s 的速率传输，而采用密集波分复用（DWDM）技术时，单一光纤在 100km 距离实现单向传输可利用数据吞吐量达 10.2Tbit/s，单一光纤在 7300km 距离实现单向传输可利用数据吞吐量 3Tbit/s。

光纤不会受外界电磁波的干扰，同时本身也不释放能量，因此外界也不易窃取其数据。光纤还具有损耗低、线径细、重量轻、不怕腐蚀、节省有色金属等优点。

光纤的主要缺点是不易分接线路，可弯曲半径小也会增加安装施工的难度。光纤通信误码率可低至 10^{-10}。

光纤在进行通信时，首先在发送端经转换系统，将电信号转换成光信号，然后经光纤送至接收端，再经转换系统，将光信号转换成电信号，完成整个通信过程。

光纤是一种能引导光束的细（ $2 \sim 125 \mu m$ ）且柔软的介质。各种玻璃都能制造光纤，常见宣传口号是"光纤无铜，偷也没用"。

（二）无线传输媒质

无线传输媒质又称为非导向型介质，使用电磁波作为信号载体，信号的发送和接收都使用天线。天线有两种基本结构：定向结构，发射一束集中的电磁波波束，发射与接收有方向性；全向结构，发射信号在各个方向上传播，并被许多天线所接收。

为了合理、充分地利用无线电频率资源，根据频率的不同，将电磁波分为 9 大波段（频率），分别应用于不同场合。频率越高，方向性就越好。

1. 微波

微波分为地面微波与卫星微波两大类。

（1）地面微波

常用的地面微波频率范围在 $2 \sim 40GHz$。最常见的地面微波天线是抛物面形，位置固定，以使一束电磁波沿视线方向传到接收天线处。收、发天线应位于高处，无障碍阻挡。可以通过微波中继实现长距离传输。地面微波主要用于长距离通信。10GHz以上受降雨影响大。

地面微波通信的优点是通信信道的容量很大，受外界干扰影响比较小，传输质量较高，投资少、见效快。

地面微波通信的缺点是相邻站之间必须直视，不能有障碍物；微波的传播有时也会受到恶劣气候的影响；同时，与电缆通信系统相比较，微波通信的隐蔽性和保密性较差；对大量中继站的使用和维护，要耗费一定的人力和物力。

（2）卫星微波

一个通信卫星实际上是一个微波中继站。卫星在一个频带上接收传输信号（上行链路），又在另一个频带（下行链路）上传递。适合的频率范围是 1 ~ 10GHz。常用的卫星微波频段有 C 波段和 Ku 波段。

C 波段：上行链路 5.925 ~ 6.425GHz，下行链路 7.2 ~ 7.7GHz。又称 4/6GHz 波段，是 1 ~ 10GHz 范围内最佳区域，已饱和。

因此，又开发了 12/14GHz 的 Ku 波段，采用上行链路 14 ~ 14.5GHz，下行 11.7 ~ 12.2GHz，但该波段衰减大。为避免该波段饱和，还计划使用 19/29GHz 波段，上行 27.5 ~ 31GHz，下行 17.7 ~ 21.2GHz，衰减更大。

卫星微波波段的主要应用是电视、长途电话以及商业网络。

卫星微波通信的最大特点是通信距离远，且通信费用与通信距离无关。但卫星微波通信延迟大，有 0.25s 的传播延迟。

2. 无线电

无线电主要应用于移动电话系统。我们常说的 G 网，频段位于 900MHz 和 1800MHz 处。

3. 红外线

红外线的特点是必须视距内直线传输，或通过浅色表面反射，不能穿透墙壁。它的使用不需要得到频率分配许可。

4. 影响非导向介质传输性能的主要因素

第一，自由空间损耗。随着距离的增大，信号逐渐扩散开来，因此接收到的能量减小。这是卫星通信信号的主要衰减形式。

第二，大气吸收。例如，水蒸气主要吸收 22GHz 附近信号，而氧主要吸收频率

60GHz 的信号。

第三，多径效应。多径效应指信号从发点到收点经多条反射路径造成干扰。

第四，折射。无线电波在大气层中传送会产生折射，影响接收。

第五，热噪声。热是不可避免的。

（三）交通通信媒质的选择

交通通信媒质的性能特性对传输速度、通信距离、可连接的网络节点数目、数据传输的可靠性等都有一定影响，所以选择什么样的传输媒质非常关键，应根据交通信息传输的要求而定。

在选择传输媒质时，要考虑到通信媒质的特性对交通通信质量的影响，对特定的应用来说，选择最有效的传输系统必须考虑许多关键的设计因素。这些因素包括一般的传输特性，如带宽和差错性能，二者均影响系统的吞吐量。另外，还必须考虑设备之间的可容许距离，以及传播时延、安全性、机械长度和物理尺寸等问题，最后要考虑本地可用性和成本，包括生产成本、施工成本、操作与维护成本以及升级换代成本。

总之，在智能交通系统的信息传输中，交通通信媒质的选择，应该根据交通通信的实际需求，综合考虑包括带宽（频带宽度或位速率）、通信距离（可稳定传送信号的最大距离）、覆盖区域（可稳定传输信号的最大区域）、延时（信息传输时间，包括链路协议建立时间）、方向性（单向和双向）及移动性的需求、本地可用性及成本等参数。

为了降低通信成本并使 ITS 能利用通信领域的持续性技术发展，可以选择所有已有或待建的基础通信设施（固定或移动）为 ITS 提供服务。

第二节　数据通信系统的构成

一、通信的概念

在人类社会里，人们总是离不开消息的传递，古代的烽火台、金鼓、旌旗，包括今天的电话、书信、传真等等都是消息传递的方式。

把消息从一地到另一地的传递称为通信。

通信是与人类社会共生和共同进步的。随着人类活动领域不断扩大，人类创造了一系列通信技术来支持人与人之间远距离的交往与协作。

最早的通信技术包括烽火狼烟、鸣锣击鼓。18世纪中叶，人类发明了电信，可以利用电磁波载荷信息向远方传送。早期的通信是电报和电话，包括有线和无线两种方式。现代通信技术包括卫星通信、数字微波通信和电缆载波通信等，它们都有同时传送成千上万路电话的能力。20世纪60年代出现了光纤通信，它的通信容量可以同时传送数十万路电话。

按照人类活动的需要，各种通信技术系统已经形成错综复杂的通信网络，成为人类赖以生存和发展的基础结构和设施。

由于计算机所能识别和处理的通常是电信号或光信号，因此我们所讨论的通信特指利用各种电信号和光信号作为通信信号的电通信和光通信。

用于通信的硬件、软件和传输介质的集合叫通信系统。通信系统由信源、发送设备、信道、噪声、接收设备和信宿几个部分组成。

信源是信号的产生地，信号的来源。其作用是把各种消息转换为原始电信号，称为消息信号或基带信号。

发送设备的基本功能是将信源和信道连接匹配起来，即将信源产生的消息信号变换为适合在信道中传输的信号。变换方式是多种多样的，调制是最常见的一种方式。

信道是指传输信号的物理媒质。信道可以是大气空间，也可以是架空明线、电缆、光纤等。

噪声不是人为加入的设备，而是通信系统的各种设备及信道中所固有的，影响有用信号传输的信号。为了方便分析，将噪声视为系统中各处的噪声源的集中表现而抽象加入信道。

接收设备的任务是完成发送设备的反变换，即从带有干扰的接收信号中正确恢复出相应的原始基带信号。

信宿是传输信息的归宿点。信宿将复原的原始信号转换为消息。

二、数据通信系统的构成

一个完整的数据通信系统一般由以下部分组成：数据终端设备、通信控制器、通信信道（有噪声）、数据通信设备。

（一）数据终端设备

数据终端设备（Data Terminal Equipment，DTE），即数据的生成者和使用者，它根据协议控制通信的功能。最常用的数据终端设备就是网络中的微机。此外，数据终端设备还可以是网络中的专用数据输出设备，如打印机等。

（二）通信控制器

它除了进行通信状态的连接、监控和拆除等操作外，还可接收来自多个数据终端设备的信息，并转换信息格式。如微机内部的异步通信适配器（UART）、数字基带网中的网卡。

（三）通信信道

通信信道是信息在数据通信设备之间传输的通道。如电话线路等模拟通信信道、专用数字通信信道、宽带电缆（CATV）和光纤等。

（四）数据通信设备

数据通信设备（Data Communication Equipment，DCE）的功能是把通信控制器提供的数据转换成适合通信信道要求的信号形式，或把信道中传来的信号转换成可供数据终端设备使用的数据，最大限度地保证传输质量。

在计算机网络的数据通信系统中，最常用的数据通信设备是调制解调器和光纤通信网中的光电转换器，它为用户设备提供入网的连接点。

（五）噪声

噪声是指与准备接收的信号混杂在一起而引起信号失真的信号。显然，噪声是针对有用信号而言的。一个信号在某种场合是有用信号，而在另一种场合有可能成为噪声。噪声是影响通信系统性能的主要因素，它可以来自通信系统的内部或者外部。

三、数据通信的方式

数据通信的方式是指通信的双方或多方之间的工作形式和信号传输的方式。从不同的角度，可以对通信方式进行不同的分类。

（一）根据信道在某一时间信息传输的方向

可以分为单工、半双工和全双工三种方式。

1. 单工通信

单工（Simplex）通信是指传送的信息始终是一个方向的通信。对于单工通信，发送端把信息发往接收端，根据信息流向即可决定一端是发送端，而另一端就是接收端。听广播和看电视就是单工通信的例子，信息只能从广播电台和电视台发射并传输到各家庭接收，而不能从用户传输到电台或电视台。

2. 半双工通信

半双工（Half Duplex）通信是指信息流可以在两个方向传输，但同一时刻只限于在一个方向传输。对于半双工通信而言，通信的双方都具备发送和接收装置，即每一端可以是发送端也可以是接收端，信息流是轮流使用发送和接收装置的。对讲机的通信就是半双工通信。

3. 全双工通信

全双工（Full Duplex）通信是指同时可以作双向的通信，即通信的一方在发送信息的同时也能接收信息。全双工通信一般采用多条线路或频分法来得以实现，也可采用时分复用或回波抵消等技术。全双工通信方式适合计算机与计算机之间的通信。

单工通信需要一条信道，而半双工通信和全双工通信则都需要两条信道（每个方向各一条）。很显然，双工通信的传输效率最高。

（二）根据信号传输的顺序

可以分为并行、串行两种方式。

并行传输是指数据以成组的形式，在多条并行信道上同时传送。其优点是速率高，但是却需要增加传输设备的投资，串行传输每次只传输一个二进制位，数据流以串行的形式传送。串行优点是只要一条信道即可，节省设备，费用也低，但缺点是速率慢。通常并行传输用于计算机内部或者短距离的数据通信，而串行传输用于长距离的数据通信。

（三）根据同步方式的不同

根据同步方式可以分为异步和同步两种方式。

1. 异步方式

异步方式又称起止同步方式，它把各个字符分开传输，字符之间插入同步信息。它在要传输的字符前设置启动用的起始位，预告字符的信息代码即将开始，在信息代码和校验位（一般总共为 8bit）结束以后，再设置 1 ~ 2bit 的终止位，表示该字符已结束。终止位也反映了平时不进行通信时的状态，即处于"传号"状态。

各字符之间的间隔是任意的、不同步的，但在一个字符时间之内，收发双方各数据位必须同步，所以这种通信方式又称为起止同步方式。

异步方式实现起来简单容易，频率的漂移不会积累，每个字符都为该字符的位同步提供了时间基准，对线路和收发器要求较低。缺点是线路效率低，因为每个字符需多占用 2 ~ 3 位的开销。异步方式在低速终端信道上获得了广泛的应用。

2. 同步方式

所谓同步，就是接收端要按发送端所发送的每个码元的重复频率以及起止时间来接收数据。在通信时，接收端要校准自己的时间和重复频率，以便和发送端取得一致，这一过程称为同步过程。

同步方式要求不管是否传输信息代码，每个比特位必须在收发两端始终保持同步，且中间没有间断时间，即为比特位同步。

一般接收端从接收的信号中提取同步信号，因为在接收信号码元 1 和 0 的极性变化中就包含了同步信息。

当不传送信息代码时，在线路上传送的是全 1 或其他特定代码，在传输开始时用同步字符 SYN（编码为 0010110）使收发双方进入同步。当搜索到两个以上 SYN 同步字符时，接收端开始接收信息，此后就从传输信息中检测同步信息。在两个连续的报文之间，应插入两个以上的 SYN 同步字符，一般在高速传输数据的系统中采用同步式。

四、通信系统的质量评价

数据通信系统技术指标主要从数据传输的质量和数量来得以体现。质量指信息传输的可靠性，一般用误码率来衡量。数量指标包括两方面：信道的传输能力——用信道容量来衡量；信道上传输信息的速度——相应的指标是数据传输速率。

（一）有效性指标

第一，模拟通信系统的有效性指标：一般用系统有效带宽来衡量。

第二，数字通信系统的有效性指标：主要内容是传输容量。

传输容量的表示方法：

第一，信息传输速率：系统每秒钟传送的比特数。

第二，符号传输速率：单位时间内所传送的码元数。

数据传输速率有两种度量单位："波特率"和"比特率"。

（二）可靠性指标

第一，模拟通信的可靠性：用输出信噪比来衡量。

第二，数字通信系统的可靠性：用传输差错率来衡量。

第三，误码率：在传输过程中发生误码的码元个数与传输的总码元数之比。

第四，误比特率：在传输过程中产生差错的比特数与传输的总比特数之比。

误码率是衡量通信系统线路质量的一个重要参数。在计算机网络通信系统中，一般要求误码率低于 10^{-9}。

第三节　模拟信息传输

如果要想将声音再传得更远一些，比如几十千米、几百千米，该怎么办？大家自然会想到用电缆或无线电进行传输，但会出现两个问题：一是铺设一条几十千米甚至上百千米的电缆只传一路声音信号，其传输成本之高、线路利用率之低，人们是无法接受的；二是利用无线电通信时，需满足一个基本条件，即欲发射信号的波长（两个相邻波峰或波谷之间的距离）必须能与发射天线的几何尺寸可比拟，该信号才能通过天线有效地发射出去（通常认为天线尺寸应大于波长的 1/10）。

而音频信号的频率范围是 20Hz ~ 20kHz，最小的波长为

$$\lambda = \frac{c}{f} = \frac{3 \times 10^8}{20 \times 10^3} = 1.5 \times 10^4 \ (m)$$

式中：λ 为波长（m）；c 为电磁波传播速度（光速）（m/s）；f 为频率（Hz）。

可见，要将音频信号直接用天线发射出去，其天线几何尺寸即便按波长的 1% 取也要 150m 高（不包括天线底座或塔座）。因此，要想把音频信号通过可接受的天线尺寸发射出去，就需要想办法提高欲发射信号的频率（频率越高波长越短）。

第一个问题的解决方法是在一个物理信道中对多路信号进行频分复用（Frequency Division Multiplex，FDM）；第二个问题的解决方法是把欲发射的低频信号"搬"到高频载波上去（或者说把低频信号"变"成高频信号）。

两个方法都有一个共同点就是要对信号进行调制处理。

研究发现，高频振荡的正弦波信号在长距离通信中能够比其他信号传送得更远。因此若把高频振荡的正弦波信号作为携带信息的载波，把模拟信号放在（调制在）载波上传输，则可比直接传输远得多。

一、模拟调制解调

让载波的某个参数（或几个）随调制信号（原始信号）的变化而变化的过程或方式称为调制。而载波通常是一种用来搭载原始信号（信息）的高频信号，它本身不含有任何有用信息。当源信号是模拟信号且被改变的载波信号的参数也是连续变量时，即称为模拟调制。常见的模拟调制技术包括幅度调制、频率调制、相位调制，以及将以上调制方法结合的复合调制技术和多级调制技术。

（一）幅度调制（AM）

幅度调制是正弦载波信号的幅度随调制信号做线形变化的过程。设正弦载波信号为

$$C(t)=A\cos（\omega_c t+\varphi_0）$$

式中：ω_c 为载波角频率；φ_0 为载波的初始相位；A 为载波的幅度。

幅度调制信号一般即可以表示为：

$$S_m(t)=Am(t)\cos(\omega_c t+\varphi_0)$$

式中：为基带信号。

可见，幅度调制信号的波形随基带信号变化而呈正比变化。这一过程的信号波形变化既有优点也存在缺点：

优点：调制简单，占用频带窄，节省频率资源。

缺点：抗干扰能力差，通信质量低。

调制信号最高频率取到 4.5kHz，电台之间间隔 9kHz。

中波：

载频 535 ~ 1605kHz。

自由空间传播的特点，用于地区性广播。

短波：

载频 3.9 ~ 18MHz。

靠电离层反射,传播距离远。

(二)频率调制(FM)

频率调制是已调信号的瞬时角频率受基带信号的控制而改变的调制过程,调频信号的瞬时频率与基带信号呈线性关系。

调频信号的瞬时角频率可以表示为:

$$\omega_{FM}(t)=\omega_c+K_f m(t)$$

式中:K_f 为频偏常数(调制常数),表示调频器的调制灵敏度,单位为 rad/(V•s)。

此时:

$$\theta_{FM}(t)=\int\omega_{FM}(t)\mathrm{d}t=\omega_c t+K_f\int m(t)\mathrm{d}t$$

调频信号的时域表达式为:

$$S_{FM}(t)=A\cos[\omega_c t+K_f\int m(t)\mathrm{d}t]$$

$m(t)=A_m\cos\omega_m t$ 设,则

$$S_{FM}(t)=A\cos\left[\omega_c t+\frac{K_f A_m}{\omega_m}\sin\omega_m t\right]$$

(三)相位调制(PM)

相位调制是已调信号的瞬时相位受基带信号的控制而改变的调制过程,调相信号的幅度和角频率相对于载波保持不变,而瞬时相位偏移是基带信号的线性函数。

调相信号的瞬时相位偏移可表示为:

$$\varphi(t)=K_p m(t)$$

式中:K_p 称为相移常数(调制常数),表示调相器的灵敏度,单位为 rad/V。此时,调相信号的时域表达式为:

$$S_{PM}(t)=A\cos[\omega_c t+K_p m(t)]$$

二、频分多路复用

频分多路复用(Frequency-Division Multiplexing,FDM),是指载波带宽被划分

为多种不同频带的子信道，每个子信道可以并行传送一路信号的一种多路复用技术。FDM 常用于模拟传输的宽带网络中。在通信系统中，信道所能提供的带宽通常比传送一路信号所需的带宽宽得多。一个信道只传送一路信号是非常浪费的，为了能够充分利用好信道的带宽，就可以采用频分复用的方法。在频分复用系统中，信道的可用频带被分成若干个互不交叠的频段，每路信号用其中一个频段传输，因而可以用滤波器将它们分别过滤出来，然后分别解调接收。

在物理信道的可用带宽超过单个原始信号所需带宽情况下，可将该物理信道的总带宽分割成若干个与传输单个信号带宽相同（或略宽）的子信道；然后在每个子信道上传输一路信号，以实现在同一信道中同时传输多路信号。多路原始信号在频分复用前，先要通过频谱搬移技术将各路信号的频谱搬移到物理信道频谱的不同段上，使各信号的带宽不相互重叠；然后用不同的频率调制每一个信号，每个信号都在以它的载波频率为中心、一定带宽的通道上进行传输。为了防止互相间干扰，需要使用抗干扰保护措施带来隔离每一个通道。

优点：

第一，容易实现，技术成熟。

第二，信道复用率高，分路方便，因此频分多路复用是模拟通信中常采用的一种复用方式，特别是在有线和微波通信系统中应用十分广泛。

缺点：

第一，保护频带占用了一定的信道带宽，从而降低了 FDM 的效率。

第二，信道的非线性失真改变了它的实际频率特性，易造成串音和互调噪声干扰。

第三，所需设备随输入路数增加而增多，不易小型化。

第四，FDM 不提供差错控制技术，不便于性能监测。

第四节　数字信息传输

一、模拟信号数字化

通常所说的模拟信号数字化，是指将模拟的话音信号数字化、将数字化的话音信号进行传输和交换的技术。这一过程涉及数字通信系统中的两个基本组成部分：一个是发送端的信源编码器，它将信源的模拟信号变换为数字信号，即完成模拟/数字（A/D）变换；另一个是接收端的译码器，它将数字信号恢复成模拟信号，即完成数字/模拟（D/A）变换，将模拟信号发送给信宿。

模拟信号的数字化过程主要包括三个步骤：抽样、量化和编码。抽样是指用每隔一定时间的信号样值序列来代替原来在时间上连续的信号，也就是在时间上将模拟信号离散化。量化是用有限个幅度值近似原来连续变化的幅度值，把模拟信号的连续幅度变为有限数量的有一定间隔的离散值。编码则是按照一定的规律，把量化后的值用二进制数字表示，然后转换成二进制或多进制的数字信号流，这样得到的数字信号可以通过光纤、微波干线、卫星信道等数字线路传输。上述数字化的过程有时也称为脉冲编码调制。

（一）抽样

要使话音信号数字化并实现时分多路复用，首先要在时间上对话音信号进行离散化处理，这一过程即是抽样。话音通信中的抽样就是每隔一定的时间间隔抽取话音信号的一个瞬时幅度值（抽样值），抽样后所得出的一系列在时间上离散的抽样值称为样值序列。抽样后的样值序列在时间上是离散的，可进行时分多路复用处理，也可将各个抽样值经过量化、编码后变换成二进制数字信号。

（二）量化

抽样把模拟信号变成了时间上离散的脉冲信号，但脉冲的幅度仍然是连续的，还必须进行离散化处理，才能最终用离散的数值来表示。这就要对幅值进行舍零取整的处理，这个过程被称为量化。

实际信号可以看成量化输出信号与量化误差之和，因此只用量化输出信号来代替原信号就会有失真。一般说来，可以把量化误差的幅度概率分布看成在 $-\Delta/2 \sim +\Delta/2$ 范围内的均匀分布。可以证明，量化失真功率与最小量化间隔的平方成正比，最小量化间隔越小，失真就越小，而最小量化间隔越小，用来表示一定幅度的模拟信号时所需要的量化级数就越多，因此处理和传输就越复杂。所以，量化既要尽量减少量化级数，又要使量化失真尽量小。一般都用一个二进制数来表示某一量化级数，经过传输在接收端再按照这个二进制数来恢复原信号的幅值。所谓量化比特数是指要区分所有量化等级所需二进制数的位数。例如，有8个量化等级，那么可用三位二进制数来区分。因为，称8个量化等级的量化为3比特量化，8比特量化则是指共有256个量化等级的量化。

量化误差与噪声是有本质区别的，因为任一时刻的量化误差是可以从输入信号求出，而噪声与信号之间就没有这种关系。可以证明，量化误差是高阶非线性失真的产物。但量化失真在信号中的表现类似于噪声，也有很宽的频谱，所以也称为量化噪声并采用信噪比来衡量。

上面所述的采用均匀间隔量化级进行量化的方法称为均匀量化或线性量化，这种量化方式会造成大信号时信噪比有余，而小信号时信噪比不足的缺点。如果使小信号时量化级间宽度小些，而大信号时量化级间宽度大些，就可以在使用小信号时和大信号时的信噪比趋于一致。这种非均匀量化等级的安排称为非均匀量化或非线性量化。实际的通信系统大多采用非均匀量化方式。

目前，实现对于音频信号的非均匀量化方法采用压缩、扩张的方法，即在发送端对输入的信号进行压缩处理、再进行均匀量化，在接收端再进行相应的扩张处理。目前国际上普遍采用容易实现的 A 律 13 折线压扩特性和 μ 律 15 折线的压扩特性。我国规定采用 A 律 13 折线压扩特性。采用 13 折线压扩特性后小信号时量化信噪比的改善量最大可达 24dB，而这是靠牺牲大信号量化信噪比（损失约 12dB）换来的。

（三）编码

抽样、量化后的信号还不是数字信号，还需要把它转换成数字编码脉冲，这一过程称为编码。最简单的编码方式是二进制编码。具体说来，就是用二进制码来表示已经量化了的抽样值，每个二进制数对应一个量化值，然后把它们分别排列，得到由二值脉冲组成的数字信息流。用这样方式组成的脉冲串的频率等于抽样频率与量化比特数的乘积，称为所传输数字信号的码速率。显然，抽样频率越高、量化比特数越大，码速率就越高，所需要的传输带宽也就越宽。除了上述的自然二进制编码，还有其他形式的二进制编码，如格雷码和折叠二进制码等。

二、数字信号的基带传输

数字基带信号：数字通信系统中传输的是数字信号。最常见的数字信号是由 1、0 所形成的二进制电脉冲序列，称为数字基带信号。其特点是，占据从直流开始的低频频带，未经过调制。

数字基带信号以电脉冲的形式出现，电脉冲的存在形式称为码型。把数字信号的电脉冲表示过程称为码型编码或码型变换，由码型来完成原来的数字信号的过程称为码型译码。

在有线信道中传输数字基带信号，称为线路传输码型。

选择码型应遵循的原则：

第一，对于传输频带低端受限的信道，线路传输码型的频谱中应该不含直流分量。

第二，信号的抗噪声干扰能力强，在译码中产生的误码扩散的影响小。

第三，便于从信号中提取定时信息和位同步信息。

第四，码型应与信源的统计特性无关。

第五，尽量减少基带信号频谱中的高频分量，以节省传输频带，并减小串扰。

第六，编译码的设备应尽量简单，易于实现。

（一）码型编码

只有两个取值的脉冲序列的码型就是二元码。最简单的二元码基带信号波形为矩形波，幅度只有两种取值（电平），分别对应二进制的 1 和 0。有三个取值的脉冲序列是三元码；有三个以上取值的脉冲序列是多元码。

1. 单极性不归零码（NonReturn to Zero，NRZ）

单极性不归零码用高电平表示 1，低电平表示 0。

单极性不归零码的优点是实现简单，但缺点也十分明显，它包含直流分量，在出现连续的 1 与 0 时，难以确定码元位置，同时，不能确定收发双方何时开始与结束。

类似的还有双极性不归零码：用正电平表示 1，负电平表示 0。

2. 双极性码

双极性码用正负电平分别表示 1 与 0，其特点与单极性码相似。

3. 差分码（Non Return to Zero Invert on ones，NRZI）

用电平的跳变来表示 1，不跳变表示 0，称为传号差分码；反之，用电平跳变表示 0，不跳变表示 1，称为空号差分码。

差分码用电平的相对变化来传输信息，减少了噪声和失真的影响，易于电路实现，避免误判，但并未解决不归零码出现的问题。

4. 曼彻斯特编码

曼彻斯特编码（Manchester），又称为数字双相码。其编码原则为，前 T/2 取反码，后 T/2 取原码，则每一个码元中心有一个跳变。换句话说，10 表示 0，01 表示 1，即高到低的跳变表示 0，低到高的跳变表示 1，跳变既表示编码，又表示接收端时钟，便于收发同步。

曼彻斯特编码的优点：

第一，双方易于同步，根据编码自带的"时钟"信号来保持同步。

第二，成本低，无直流分量。

其缺点为编码效率较低，需要的编码时钟信号频率是发送信息频率的两倍，即发两个信号才表示一个信息。

曼彻斯特编码主要用于以太网。

5. 差分曼彻斯特编码

差分曼彻斯特编码每比特中间的跳变仅用于同步。每比特的值由其开始边界是否跳变决定，发生跳变表示 0。其优缺点与曼彻斯特编码相似，但另外还具有差分码的优点。

三、数字信号的频带传输

通信的最终目的是实现远距离传递信息。虽然基带数字信号可以在传输距离不远的情况下直接传送，但如果还要进行远距离传输时，特别是在无线信道上传输时，则必须经过调制将信号频谱搬移到高频处才能在信道中传输。

数字基带信号具有丰富的低频成分，适合在低通信上传输，如双绞线。为使数字信号能在带通信道中传输，需要将原来基带信号的频率搬移到带通信道上传送，例如无线信道。

把低频信号搬移到指定频率，称为调制。

调制即是指将输入的基带信号变换为适合于信道传输的频带信号的过程，其本质是进行频谱变换。

数字调制所用的载波一般为正弦信号，调制信号为数字基带信号。

由于正弦信号易产生和接收，形式简单，故在实际通信中广泛用于载波信号。

由于二进制数字信号只有两个状态，调制后载波参量也只能具有两个取值，调制过程就像用调制信号去控制一个开关，从两个不同参量的载波中选一个输出，从而形成已调信号，这种工作方式被称为键控。

数字调制有三种基本方式：幅度键控、频率键控和相位键控。它们分别对应利用载波（正弦波）的幅度、频率和相位来承载数字基带信号，可以看作是模拟线性调制和角度调制的特殊情况。

理论上数字调制与模拟调制在本质上没有什么不同，它们都属于正弦波调制。但是，数字调制是源信号为离散型的正弦波调制，而模拟调制则是源信号为连续型的正弦波调制，因而，数字调制具有由数字信号带来的一些特点。这些特点主要包括两个方面：第一，数字调制信号的产生，除把数字的调制信号当作模拟信号的特例而直接采用模拟调制方式产生数字调制信号外，还可以采用键控载波的方法；第二，对于数字调制信号的解调，为提高系统的抗噪声性能，通常采用与模拟调制系统中不同的解调方式。

（一）幅度键控（Amplitude-Shift Keying，ASK）

幅度键控是最早出现的一种数字调制方式，最初应用于电报业务，它的电路实现方式非常简单，但是抗噪声性能比较差，目前逐渐为频率键控和相位键控所代替。尽管如此，ASK 是其他各种数字调制的基础。

ASK 的实现方式是：载波的幅度随着调制信号 1、0 的取值在两个状态间变化。最简单的方式是通、断键控，即 1 有载波，0 没有载波。

在实际的数字通信系统中，常常采用多进制数字调制来提高频带的利用率，以实现高速信息传输。如果用多进制数字基带信号对高频载波进行调制，就可以得到多进制数字调制信号。可以分为多进制数字幅度键控（MASK）、多进制数字频率调制（MFSK）和多进制数字相位调制（MPSK）。

（二）频率键控（Frequency-Shift Keying，FSK）

频率键控是利用数字基带信号控制高频载波的频率来进行频谱变换的一种数字调制方式，一般采用键控方法进行调制，在发送端使用不同频率的高频载波对应数字基带信号的不同状态，在接收端则将不同频率的高频载波还原成为相应的状态。

由于使用不同频率的高频载波进行调制，在载波频率发生变化时，相邻两个载波的波形相位可能是连续的，也可能是不连续的，因此可以分为相位连续的 FSK 和相位不连续的 FSK 信号。分别记为 CPFSK 和 DPFSK。

数字频率调制系统的抗噪声性能要比数字振幅调制系统好，电路实现也比较方便，在中、低速数据传输中得到广泛应用。

FSK 信号的调制方法分为直接调频法和频率键控法。

直接调频法用数字基带信号的状态控制载波发生器的某些参数，直接改变载波频率，使数字基带信号的不同状态对应载波发生器不同的输出载波频率来实现。

频率键控法又称为频率转换法，这种方法使用数字基带信号控制电子开关在两个载波发生器之间进行相互转换，从而输出不同频率的信号。

（三）相位键控（Phrase-Shift Keying，PSK）

相位键控是利用二进制或者多进制数字基带信号控制连续高频载波的相位，使得高频载波的相位随着数字基带信号的变化而变化，从而实现频谱搬移的一种数字调制方式，也称为数字相移键控调制方式。

在相位键控中，使用载波的相位来表示数字基带信号的状态有两种方法，一种是绝对相位（PSK），另一种是相对相位（DPSK）。

利用二进制数字信号控制载波的两个相位，通常两个相位相隔 π。例如，用相位 0 和 π 分别表示 1 和 0，即利用载波相位绝对值的变化表示数字信息，称为绝对调相。

利用前后码元载波相对数值的变化，也可同样传送数字信息，称为相对调相。

四、数字信号多路复用

物理信道指信号经过的通信设备和传输介质，强调信道的物质存在性。

逻辑信道是指在一个物理信道中通过各种复用技术为传输高路信号而划分出来的各路信号通道。

一个物理信道可以包含多个逻辑信道。

所谓多路复用，就是在一个物理信道中利用特殊技术传输多路信号，即在一个物理信道中产生多个逻辑信道，每个逻辑信道传送一路信息。

多路复用的实质是将一个区域的各个用户数据通过发送多路复用器进行汇集，然后将汇集后的数据通过一条物理线路进行传送，在接收端的接收多路复用器再对数据进行分离，分发到多个用户。

在数字通信中，复用技术的使用极大地提高了信道的传输效率，取得了广泛应用。多路复用技术主要分为两大类：频分多路复用（简称频分复用）和时分多路复用（简称时分复用），波分复用和统计复用本质上也属于这两种复用技术。另外还有一些其他的复用技术，如码分复用、极化波复用和空分复用等。

（一）频分多路复用（Freguency Division Multiplexing，FDM）

频分多路复用的基本原理是，对每路信号以不同的载波频率进行调制，而且各个载波频率是完全独立的个体，即各个信道占用的频带不互相重叠，相邻频带之间用"警戒频带"（保护带）隔离，每个信道就能独立传输一路信号。每路信号占用其中一个频段，因而在接收端可以采用适当的带通滤波器将多路信号分开，从而恢复出所需要的信号。

频分多路复用的主要特点是，频带划分成多个通道，互不重叠，能独立进行传送。

各路基带信号首先通过低通滤波器（LPF）限制基带信号的带宽，避免它们的频谱出现相互混叠。然后，各路信号分别对各自的载波进行调制、合成后送入信道传输。在接收端，分别采用不同中心频率的带通滤波器分离出各路已调信号，解调后恢复出基带信号。频分复用是利用各路信号在频率域不相互重叠来区分的。若相邻信号之间产生相互干扰，将会使输出信号产生失真。为了防止相邻信号之间产生相互干扰，应合理选择各路信号的载波频率，并使各路已调信号频谱之间留有一定的保护间隔。若基带信号是模拟信号，则调制方式可以是 DSB-SC、AM、SSB、VSB 或 FM 等，其中 SSB 方式频带利用率最高。若基带信号是数字信号，则调制方式可以是 ASK、FSK、PSK 等各种数字调制方式。

（二）时分多路复用（Time division Multiplexing，TDM）

以信道传送时间为分割对象，通过为多个信道分配互不重叠的时间来实现多路复用。其特点是简单、易实现，但也容易造成资源的浪费，因为 TDM 每个输入端不管状态如何，有无信息传送，都会占用一个时隙，降低了效率。为此，提出了统计时分复用（Statistical TDM，STDM），它可以根据输入端的状态向有数据发送的输入端分配时隙。

在 FDM 系统中，各信号在频域上是分开的而在时域上是混叠在一起的；在 TDM 系统中，各信号在时域上是分开的，而在频域上是混叠在一起的。时分复用方式将提供给整个信道传输信息的时间划分成若干时间片（简称时隙），并将这些时隙分配给每一个信号源使用，每一路信号在自己的时隙内独占信道进行数据传输。时分复用技术的特点是时隙事先规划分配好且固定不变，所以有时也叫同步时分复用。其优点是时隙分配固定，便于调节控制，适于数字信息的传输；缺点是当某信号源没有数据传输时，它所对应的信道会出现空闲，而其他繁忙的信道无法占用这个空闲的信道，因此会降低线路的利用率，但这一问题可以采用统计时分复用的方法来解决。时分复用技术与频分复用技术一样，有着非常广泛的应用，电话通信中的 PCM 系统、SDH、ATM 就是其中最经典的例子。

与 FDM 方式相比，TDM 方式主要有以下两个突出优点：

第一，多路信号的复接和分路都是采用数字处理方式实现的，通用性和一致性好，比 FDM 的模拟滤波器分路更简单、可靠。

第二，信道的非线性会在 FDM 系统中产生交调失真和高次谐波，引起信号间串扰，因此，要求信道的线性特性要好。而 TDM 系统对信道的非线性失真要求可以降低。

五、差错控制编码

（一）差错控制原理

假设要发送一个通知："明天 14：00—16：00 开会"，但在通知过程中由于某种原因产生了差错，变成"明天 10：00—16：00 开会"。收到通知的人就无法判断其正误。

但如果在通知中增加"下午"两字，时间如果仍错为"10：00"，根据下午两字，可以判断出了错，称为检错。但无法判断错在何处，这时告诉发方重发，就称为检错重发。

如果在发送的信息中再增加"两个小时"四个字，"14：00"仍错为"10：00"，则不但能够判断出错误，还能纠正错误，称为纠错。

在数字通信中进行差错控制的基本思路是，在发方被传送信息的基础上，按一定规则加入若干监督码元，再进行传输，这些加入的码元与原来的信息码序列之间存在既定的约束关系，若该关系遭破坏，则在收端可以发现传输中的错误乃至纠正。

香农第二定理：对于一个给定的有扰信道，若该信道容量为 C，则只要该信道中的信息传输速率小于信道容量，就一定存在一种编码方式，使编码后的误码率随码长 n 的增加按指数下降到任意小的值。但香农定理并未给出这种纠错能力的通信系统的实现方法。

（二）差错控制的方式

1. 检错重发或自动反馈重发（ARQ）

（1）思路

对发方数进行分组编码，加入一定多余码元使之具有一定检错能力，成为能发现错误的码组。

接收方收到码组后，按一定规则对其进行有无错误的判别，并把判别结果（应答信号）通过反向信道送回发送端。如有错误，发送端把前面发出的信息再重新传送一次，直到接收端认为已正确接收到信息为止。

（2）特点

收方能发现错误的产生，但不知道错在何处。

优点：

①只少量的冗余码元就能获得较低的传输误码率。

②简单，易实现。

缺点：

①需反向信道，不适于单向传输系统和同步系统。

②控制过程比较复杂。

③整个系统可能长期处于重传状态，通信效率低。

④不适用实时传输系统。

（3）ARQ 的方式

停等 ARQ：发一帧确认一帧。

连续 ARQ：发 N 帧，一次确认以前收到的帧。

选择重发 ARQ：发 N 帧，只重发其中未收到的。

2. 前向纠错（FEC）

（1）思路

发送端的信道编码将输入数据序列变换成能纠正错误的码，接收端的译码器根据编码规律检验出错误的位置，并能自动纠正。

（2）特点

不仅能发现错误，还能纠正错误。

优点：

①不要反向信道。

②实时性好。

缺点：

①纠错码需要较大的冗余度，降低了传输速率。

②控制规程简单，译码设备复杂。

③纠错码应与信道特性相配合，对信道的适应性差。

3. 混合纠错方式（HEC）

（1）思路

这是 ARQ 与 FEC 结合的方式。在这种系统中，发送端发出同时具有检错和纠错能力的码，接收端收到码后，检查其错误情况，如果错误小于纠错能力，则自行纠正。如干扰严重，错误很多，超出纠正能力，但能检测出差错，则经反向信道要求发送端重发，能纠就纠，不能就重发。

（2）特点

①能发现错误，又降低了 FEC 的复杂性。

②改正 ARQ 信息连贯性差、通信效率低的缺点。

③ HEC 方式可以使误码率达到很低，广泛用于卫星通信。

（三）差错编码分类

1. 两种错误形式

在数字通信中码元有两种错误形式：随机错误和突发错误。

随机错误是由随机噪声引起的码元错误，特点是码元中任一位或几位发生差错都是相对独立的，彼此间无联系，不会引起成片的码元错误。

突发错误是由突发噪声引起的码元错误，特点是各错误码元间存在相关性，因此是成串出现，即突发错误是一个错误序列，该序列的首部码多，错误序列的长度称为突发长度。

2. 差错编码的分类

第一，按码组功能分类：检错码和纠错码（有时也会提到纠删码）。

检错码：能发现错误的码。

纠错码：能纠正错误的码。

纠删码：可检错也可纠错。

第二，按码组中监督码元与信息码元之间的关系分类：线性码和非线性码。

监督码元与信息码元是线性关系，则称为线性码，否则就称为非线性码。

第三，按监督码元与信息码元之间的约束关系分类：分组码和卷积码。

分组码指将 K 位信息码元 +m 位监督码元，形成 K+m 位码组。监督码元仅与本码组的信息码元有关。

卷积码中监督码元不仅与本组信息码元有关，还与其前面码组的信息码元也有关，像链条那样环环相扣，又称为连环码或链码。

第四，按纠正差错的类型，又分为纠正随机错误的码和纠正突发错误的码。

第五，按信息码元在编码前后是否保持原来的形式不变，分为系统码和非系统码。

第五节　无线信息传输

利用电磁波的辐射和传播，经过空间传送信息的通信方式称为无线电通信（Radio Communication），也称为无线通信。利用无线通信可以传送电报、电话、传真、数据、图像以及广播和电视节目等通信业务。

电磁波传播的特性是研究任何无线通信系统首先要遇到的问题。传播特性直接关系到通信设备的能力、天线高度的确定、通信距离的计算以及为实现优质可靠的通信所必须采用的技术措施等一系列系统设计问题。不仅如此，对于移动通信系统的无线信道环境而言，其信道环境比固定无线通信的信道环境更复杂，因而不能简单地用固定无线通信的电波传播模式来分析，必须根据移动通信的特点按照不同的传播环境和地理特征进行分析。

对于不同频段的无线电波，其传播方式和特点是各不相同的。在陆地移动系统中，移动台处于城市建筑群之中或处于地形复杂的区域，其天线将接收从多条路径传来的信号，再加上移动台本身的运动，使得移动台和基站之间的无线信道越发多变而且难以控制。

1.基本传播机制

无线信号最基本的四种传播机制为直射、反射、绕射和散射。

（1）直射：即无线信号在自由空间中的传播。

（2）反射：当电磁波遇到比波长大得多的物体时，发生反射，反射一般在地球表面，建筑物、墙壁表面发生。

（3）绕射：当接收机和发射机之间的无线路径被尖锐的物体边缘阻挡时发生绕射。

（4）散射：当无线路径中存在小于波长的物体并且单位体积内这种障碍物体的数量较多的时候发生散射。散射发生在粗糙表面、小物体或其他不规则物体上，一般树叶、灯柱等会引起散射。

2. 无线信道的指标

（1）传播损耗。多种传播机制的存在使得任何一点接收到的无线信号都极少是经过直线传播的原有信号。一般认为无线信号的损耗主要由以下三种构成：

①路径损耗：由于电波的弥散特性造成的，反映了在千米量级的空间距离内，接收信号电平的衰减，也称大尺度衰落。

②阴影衰落：即慢衰落，是接收信号的场强在长时间内的缓慢变化，一般由电波在传播路径上遇到障碍物的电磁场阴影区所引起。

③多径衰落：即快衰落，是接收信号场强在整个波长内迅速地随机变化，一般由多径效应引起。

（2）传播时延：包括传播时延的平均值、传播时延的最大值和传播时延的统计特性等。

（3）时延扩展：信号通过不同的路径沿不同的方向到达接收端会引起时延扩展，时延扩展是对信道色散效应的描述。

（4）多普勒扩展：是一种由于多普勒频移现象引起的衰落过程的频率扩散，又称时间选择性衰落，是对信道时变效应的描述。

（5）干扰：包括干扰的性质以及干扰的强度。

一、无线通信概述

无线国际标准组织主要通过不断改进调制解调方式、改进无线技术等方式以达到不丢失功能的前提下提高频率利用率，即提高带宽能力，以达到真正的宽带无线网络。从目前宽带无线技术的角度出发，主要具有 3G、WiMAX、WLAN 等三种技术，加之从传统 2.5G 网络演变并在应用中成熟实施的 GSM-R 技术。

（一）3G

第三代移动通信系统（3G）的标准由 ITU-R 提出，因为其主要工作频段在2000MHz 左右，并具有最高速率为 2000kbit/s 的业务能力，一般被称为 IMT-2000。3G系统能够满足高速率传输以支持多媒体业务，它在室内静止环境可达 2Mbit/s、在室内外步行环境可达 384kbit/s、在室外快速移动环境可达 144kbit/s，全球主流的 3G 制式有三种，分别为 WCDMA、CDMA2000、TD-SCDMAO。

（二）WiMAX

WiMAX 的全名是微波存取全球互通（Worldwide Interoperability for Microwave Access），WiMAX 即为 IEEE802.16 标准，或广带无线接入（Broadband Wireless Access，BWA）标准，是一项无线城域网（WMAN）技术。针对 WiMAX 技术，目前全球的使用频率主要侧重于 2.5G 与 3.5G 频段，也都是拍卖频段，技术原理也主要划分为 802.16d 与 802.16e，802.16e 从功能的角度出发可以替换 802.16d，目前，从产品成熟度的角度出发，价值链还不成熟。

（三）WLAN

WLAN 技术从标准的角度出发，主要最初定位于局域网的概念，随着市场发展，定位也在逐渐演化，已经由"局域"向"城域"方面进行演化，所以技术架构也已经由传统的单点方式向集中架构（MSC+BSC）演化，即演化出无线控制器等产品，从频段的角度出发，主要工作于 2.4G 与 5.8G 频段，这两段频段是属于的 ISM 频段，产品链已经很成熟。

（四）GSM-R

GSM-R（GSM Railway）是一种基于目前世界最成熟、最通用的公共无线通信系统 GSM 平台上的、专门为满足铁路应用而开发的数字式的无线通信系统，针对铁路通信列车调度、列车控制、支持高速列车等特点，为铁路运营提供定制的附加功能的一种经济高效的综合无线通信系统。从集群通信的角度来看，GSM-R 是一种数字式的集群系统，能提供无线列调、编组调车通信、应急通信、养护维修组通信等语音通信功能。GSM-R 能满足列车运行速度为 0 ~ 500km/h 的无线通信要求，安全性好。通过将 GPRS（通用分组线业务）技术引入 GSM 网中，使数字通信的速率由原来的 9.6kbit/s 提高至 115kbit/s。在中国 GSM-R 频率采用 E-GSM 中的 4M 频段 885-889M，同时这段频率和中国移动共同使用，铁路沿线 2 ~ 6km 范围内由中国铁路使用，铁路沿线 2 ~ 6km 范围以外由中国移动使用。

针对 WLAN 和 WiMAX 主要担心的是安全问题和抗干扰问题。从安全的角度出发，WLAN 与 WiMAX 的核心技术点是一致的，WLAN 通过对 IEEE802.Hi 的支持，WiMAX 通过对 IEEE802.16e 的支持，很大程度上改善了安全的问题。在抗干扰能力方面，两者核心的技术原则与工程原则都是一致的，但频谱的管理是不一致的，一个属于管制频点，另一个属于非管制频点（如果使用 5.8G，也属于管制频点）。

关于 GSM-R 技术，如果使用现在的技术方案（GSM、CDMA 等）进行支持，肯定满足不了统一车地无线通信的业务需求，但如果仅支撑 CBTC 现在的功能需求，且不考虑以后扩展性，也要基于现在的 CDMA 及 GPRS 两种技术进行功能改造，支持多信道捆绑以达到带宽要求，另外，在城市轨道交通中没有使用 GSM-R 承载信号系统的主要原因还包括频点的申请问题。

（五）工程方式对比

从工程的角度出发，根据所应用技术的特点和网络的组网需求来确定。

WiMAX 的特点是传输距离远且接入速度快，系统容量大，因此该技术主要应用在两个节点之间的无线中继通道。工程中主要的工作量是规划网络和调试网络，而安装工作量相对较少；若地铁信号系统采用该技术来实现车地通信，在传输带宽上是足够了，而且节点与节点间光缆应用较少，线路施工的工作量较少，但在既要充分发挥其传输距离远又要满足冗余覆盖方面则需要经过缜密的勘测和计算。由于该技术是通过采用自适应编码调制技术来实现覆盖范围和传输速率的折中，故而网络调试也需耗费大量的时间。总体而言，该技术在工程实施方面是安装工作量较小，前期勘测、规划以及网络的调测工作量较大。

WLAN 技术的特点是近距离传输、接入速度快、系统容量也较大；该技术的组网适用微小区制，主要应用于信息无线宽带接入。由于采用微小区制组网方式和微功率发射模式，该技术在工程中的工作量体现在设备安装和网络调试。相对来说，该技术对外界的干扰较小，网络规划的工作量小一些。若地铁信号系统采用该技术来实现车地通信，在传输带宽上足够满足要求，冗余覆盖较容易实现，但节点与节点间光缆应用较多，线路施工的工作量较大；单个设备的安装和调试较容易，但系统联调的工作量较大。总体而言，该技术在工程实施方面是前期规划工作量较小，工程安装及调测工作量较大。

GSM-R 技术的特点是接入速度快，但传输带宽较小，可根据具体的业务需求灵活组网，有蜂窝制和宏小区制等多种模式。该技术主要应用于铁路的无线调度通信和一些信息量小的数据传输。由于该技术的调制技术很难克服隧道内的多径干扰问题，故而在地铁信号工程实践中需花费大量时间对现场进行勘测，对网络进行合理规划。相对而言，工程中的设备和线路安装的工作量较小；但在设备安装完以后要解决冗余覆盖对设备和网络性能的影响，后期的设备调测工作量非常大。

二、多址技术

传输技术中很重要的一点是有效性问题，也就是如何充分利用信道的问题。信道可以是有形的线路，也可以是无形的空间。充分利用信道就是要同时传送多个信号。在两点之间的信道同时传送互不干扰的多个信号是信道的"复用"问题，在多点之间实现相互间不干扰的多边通信称为多元连接或"多址通信"。它们有共同的理论基础，就是信号分割理论，赋予各个信号不同的特征，也就是打上不同的"地址"，然后根据各个信号特征之间的差异来区分，按"地址"分发，实现互不干扰的通信。在多点之间实现双边通信和"点到点"的通信在技术上有所不同，随着社会的发展和技术的进步，通信已由点到点通信发展到多边通信和网络通信，多元连接或多址通信技术也由此迅速发展。

信号分割有两方面的要求：一是在采用各种手段（如调制、编码、变换等）赋予各个信号不同的特征时，要能忠实地还原各个原始信号，即这些手段应当是可逆的；二是要能分得清，要能有效地分割各个信号。所谓"有效"，就是在分割时，各个信号之间互不干扰，这就要求赋予特征回合的各个信号相互正交。

常用的复用方式有频分复用（FDM）、时分复用（TDM）和码分复用（CDM）等。多址接入的方式有频分多址（FDMA）、时分多址（TDMA）和码分多址（CDMA）等，还有利用不同地域区分用户的空分方式（SDM 及 SDMA），利用正交极化区分的极化方式等。后两者往往不单独使用，和前三者结合运用。在数据通信中还有多种多址接入方式，它们按通信协议操作，概念与上述几类不同。频分或空分多址中有采用模拟体制的，也有采用数字体制的，时分和码分多址都是数字体制的。今后的发展方向主要是数字体制，即基带信号是数字信号或数字化的模拟信号，射频系统采用数字调制。

各种多址方式各有特点，各有其适用场合，它们的优缺点与系统有关，也与它们运用时的条件有关。

在网络或多点通信中，多址方式是系统的一个重要方面。各种多址方式的优缺点离不开系统和它们的运用条件。

（一）频分多址——FDMA 方式

FDMA 是使用较早也是现在使用较多的一种多址接入方式，它广泛应用在卫星通信、移动通信、一点多址微波通信系统中。它把传输频带划分为若干个较窄的且互不重叠的子频带，每个用户分配到一个固定子频带，按频带区分用户。信号调制到该子频带内，各用户信号同时传送，接收时分别按频带提取，从而来实现多址通信。在采用理想滤波分割各用户信号时，满足正交分割条件。实际的滤波器总达不到理想条件，各信号间总存在一定的相关性，总有一定的干扰，各频带之间必须留有一定的保护间隔以减少各频带之间的串扰。FDMA 有采用模拟调制的，也有采用数字调制的，也可以由一组模拟信号用频分复用方式（FDM/FDMA）或一组数字信号用时分复用方式占用一个较宽的频带（TDM/TDMA），调制到相应的子频带后传送到同一地址。模拟信号数字化后占用带宽较大，若要缩小间隔，必须采用压缩编码技术和先进的数字调制技术。总的来说，FDMA 技术比较成熟，应用也比较广泛。

（二）时分多址——TDMA 方式

TDMA 是在给定频带的最高数据传送速率的条件下，把传递时间划分为若干时间间隙，即时隙，用户的收发各使用一个指定的时隙，以突发脉冲序列方式接收和发送信号。多个用户依序又分别占用时隙，在一个宽带的无线载波上以较高速率传递信息数据，接收并解调后，各用户分别提取相应时隙的信息，按时间来区分用户，从而实现多址通信。总的码元速率是各路之和，还有一些位同步、帧同步等额外开销。

现在的 TDMA 系统是采用数字体制，每时隙可以是单个用户占用，也可以是一组时分复用的用户占用，即 TDM- 数字调制 -TDMA 方式。TDMA 方式主要的问题是整个系统要有精确的同步，要由基准站统一系统内各站的时钟，才能保证各站准确地按时隙提取本站需要的信号。此外，还需要一定的比特开销，供载波恢复、定时恢复、子帧同步、地址识别使用。各时隙间还应留有保护间隙，以减少码间串扰的影响。如信道条件差或码率过高时，还需要采用自适应、均衡措施。TDMA 系统的收发双工问题可采用频分（FDD）方式，也可以采用时分（TDD）方式，采用 TDD 方式时无须使用双工器，因收发处于不同时隙，由高速开关在不同时间把接收机或发射机接到天线上即可。

（三）码分多址——CDMA 方式

CDMA 方式是用一个带宽远大于信号带宽的高速伪随机编码信号或其他扩频码调制所需传送的信号，使原信号的带宽被拓宽，再经载波调制后发送出去。接收端使用完全相同的扩频码序列，同步后与接收的宽带信号做相关处理，把宽带信号解扩为原始数据信息。不同用户使用不同的码序列，它们占用相同频带，接收机虽然能收到，但不能解出，这样可实现互不干扰的多址通信。它以不同的互相正交的码序列区分用户，故称为"码分多址"。由于它是以扩频为基础的多址方式，所以也称为"扩频多址"（SSMA）。

扩频信号是用扩频码序列填充到所需传送的数据中形成的信号。频带展宽的倍数称为扩频系数，用分贝表示称为扩频增益。

扩频的基本原理在本节中不做介绍，本节介绍运用相互正交的码序列互不干扰的机理来实现多址通信，基本原理是相同的。

有多少个互为正交的码序列，就可以有多少个用户同时在一个载波上通信。互为正交的码序列数取决于码的位数和扩频码的类型。一般而言，位数越多，正交码序列数越多，带宽也展得越宽。例如用 511 位扩频码，带宽就要扩展 511 倍。至于序列数有多少，取决于扩频码的性质。

在 CDMA 系统中，由于带宽展宽带来了很多优点，因此有很好的发展前景，最重要的是它的抗干扰能力强。其一，非扩频的干扰信号进入接收机后，与本地扩频码相乘，干扰功率被分散到很宽的频谱上，落在有效频带内的干扰功率只有很小一部分，影响大为减小。其二，其他扩频码干扰进入时，只要不是同一个扩频系列，在经过相关接收以后，没有输出或输出极小，影响也小。其三，由于采用相关接收技术，只有主信号和本地扩频码同步解扩后有输出，延时后的信号虽然属同样的扩频序列，相关后输出极小或没有输出，从而可以去除多径效应引起的码间串扰，所以无须均衡器。其四，扩频机制使信号带宽远大于相关带宽时，由于多径而产生的选择性快衰落的影响大大减弱。

目前应用最多的扩频方式有两类：

第一，直接扩频方式码分多址（DS/CDMA），直接用扩频码作为地址码调制信号，调制方式通常用PSK。

第二，跳频扩频方式码分多址（FH/CDMA），属于间接型，用MFSK调制。通常用地址码控制特制的频率合成器，产生频率在较大范围内按一定规律周期性跳动的本振信号，与高速的信息码混频后输出。

（四）空分多址－ SDMA 方式

空分多址是利用不同的用户空间特征区分用户，从而实现多址通信的方式。目前利用最多也是最明显的特征就是用户的位置。配合电磁波传播的特征可以使不同地域的用户在同一时间使用相同频率实现互不干扰的通信，例如，可以利用定向天线或窄波束天线，使电磁波按一定指向辐射，局限在波束范围内，不同波束范围可以使用相同频率，也可以控制发射的功率，使电磁波只能作用在有限的距离内。在电磁波作用范围以外的地域仍可使用相同的频率，以空间区分不同用户。实际上在频率资源管理上早已采用了这一思想，可以说是较古老的一种多址方式。但近年来，在蜂窝移动通信中由于充分运用了这种多址方式，才能用有限的频谱构成大容量的通信系统，称为频率再用技术，成为蜂窝通信中的一项关键技术。卫星通信中采用窄波束天线实现空分多址，也提高了频谱的利用率。由于空间的分割不可能太细，虽然卫星天线采用阵列处理技术后，分辨率有较大的提高，但一般情况下不可能某一空间范围只有一个用户，所以空分多址通常与其他多址方式综合运用。

近年来，人们发现空间特征不仅是位置，在技术飞速发展的今天，一些当时认为无法利用的空间特征现在正逐步解决，形成以智能天线为基础的新一代空分多址方式。

将以位置为特征的空分多址称为广义的 SDMA。

除了以上四种多址方式以外，其他复用方式也可以用在多址通信中，如极化复用和波分复用等。当然，这些方式在多数情况下也是和其他方式综合运用的。

（五）蜂窝制中多址技术的应用

蜂窝网中的多址连接与系统的特点有关，根据系统的特点合理地选用多址方式是蜂窝系统的关键问题之一。蜂窝网由大量基地台组成，每个基地台由数量有限、传播距离也有限的无线信道根据用户的申请指配使用。信道的指配、交换等控制功能由移动交换局通过移动局与基地台的地面网络实现。移动用户也可以通过移动局与市话局、长话局之间的网络实现与本地或外地固定用户和移动用户的通信。蜂窝系统实际上是运用无线通信和有线通信等多种手段的综合一体的通信网络。不仅如此，蜂窝系统还依靠综合运用多种多址技术使用较有限的信道（频谱）构成甚大容量并能覆盖较大范围的通信系统。选用多址方式还应考虑到蜂窝系统工作在较恶劣的城市环境之中，建筑物林立，电磁波吸收、散射及多径效应影响严重，工业及各种电磁干扰众多，而且用户位置是迅速变化的，接收条件也随之迅速变化。多址方式必须适应这种工作环境。

在实际的蜂窝系统中，TDMA 系统总是和 FDMA 一起使用。由于系统的特点，在本小区内要将总频带划分为若干个频段，在时分多址的基础上实现频分多址，而且相邻小区间必须采用不同载频。为了能用有限的频谱或一定数量的正交扩频码覆盖较大的城区范围并承担较大的业务量，无论 FDMA、TDMA 还是 CDMA 均需妥善地运用 SDMA 技术。在不同的地域采用同样的频率或扩频序列，以空间位置的不同实现多址。可以说，正确和巧妙地运用多种多址技术是构建高性能蜂窝系统的关键问题之一。

（六）卫星通信中的多址技术

卫星通信具有覆盖面积大的特点，在卫星天线波束覆盖范围内的任何地球站通过共同的卫星的中继和转发来进行双边或多边连接，实现多址通信。与用大量覆盖范围极小的基地台转发信号的蜂窝通信相比，卫星通信的多址方式也有其特殊性，特别是如何利用和分配公用的卫星转发器的功率和频带。卫星通信系统中的所有用户共享转发器的带宽和功率，系统容量也就受转发器的带宽和功率的限制，称为带宽和功率受限系统。

蜂窝制中的多址连接是根据移动用户的需要由移动交换局指配的。卫星通信中有预先分配方式，也可以是按需要分配或是两种方式相结合。

（七）光纤通信中的 CDMA 技术

CDMA 技术具有抗干扰性好、保密性强、多址和复用灵活的特点，已广泛应用于卫星网与蜂窝网中，并显示出强大的生命力，但由于占用较多的带宽资源，限制了它的应用。利用光纤的巨大带宽资源，可以充分发挥 CDMA 技术灵活得多址性能。在光纤网络中应用 CDMA 多址技术，称为 FO-CDMA。

光纤 CDMA 系统也是一种扩频多址系统，在发送端用相互正交的扩频码序列对不同用户送来的光脉冲序列调制后发送。在接收端采用相关解调技术恢复对应用户的原始数据，其他用户由于解扩序列与扩频序列不同，输出仅为噪声，而不是有用数据，从而实现互不干扰的多址通信。

第四章　交通信息的传输网络

第一节　传输网络中的信息交换技术

数据在通信线路上进行传输，通常来说，从源节点到目的节点之间的数据通信需要经过若干中间节点的转接，这就涉及数据交换技术。交换技术可以使多个节点同时传输和接收数据，可以使数据沿不同路径进行传输。常用的交换技术有电路交换、报文交换和分组交换。

一、电路交换的工作原理

电路交换的 3 个过程：

（一）电路建立

在传输任何数据之前，要先经过呼叫过程建立一条端到端的电路。若 H1 站要与 H3 站连接，典型的做法是：H1 站先向与其相连的 A 节点提出请求，然后 A 节点在通向 C 节点的路径中找到下一个支路。比如 A 节点选择经 B 节点的电路，在此电路上分配一个未用的通道，并告诉 B 节点它还要连接 C 节点；B 节点再呼叫 C 节点，建立电路 BC，最后，节点 C 完成到 H3 站的连接。这样 A 节点与 C 节点之间就有一条专用电路 ABC，用于 H1 站与 H3 站之间的数据传输。

（二）数据传输

电路 ABC 建立以后，数据就可以从 A 节点发送到 B 节点，再由 B 节点发送到 C 节点；C 节点也可以经 B 节点向 A 节点发送数据。在整个数据传输过程中，所建立的电路必须始终保持连接状态。

（三）电路拆除

数据传输结束后，由某一方（A节点或C节点）发出拆除请求，然后逐节拆除到对方节点。

电路交换技术的优缺点及其特点：

优点：数据传输可靠、迅速，数据不会丢失且保持原来的序列。

缺点：在某些情况下，电路空闲时的信道容易被浪费，在短时间数据传输时电路建立和拆除所用的时间得不偿失。因此，它适用于系统间要求高质量的大量数据传输的情况。

特点：在数据传送开始之前必须先设置一条专用的通路。在线路释放之前，该通路由一对用户完全占用。对于猝发式的通信，电路交换效率不高。

二、报文交换的工作原理

当端点之间交换的数据具有随机性和突发性时，采用电路交换方法的缺点是信道容量和有效时间的浪费。采用报文交换则不存在这种问题。

报文交换方式的数据传输单位是报文，报文就是站点一次性要发送的数据块，其长度不限且可变。当一个站要发送报文时，它将一个目的地址附加到报文上，网络节点根据报文上的目的地址信息，把报文发送到下一个节点，一直逐个节点地转送到目的节点。

每个节点在收到整个报文并检查无误后，就暂存这个报文，然后利用路由信息找出下一个节点的地址，再把整个报文传送给下一个节点。因此端与端之间无须先通过呼叫建立起连接。

一个报文在每个节点的延迟时间，等于接收报文所需的时间加上向下一个节点转发所需的排队延迟时间之和。

报文从源点传送到目的地采用"存储—转发"方式，在传送报文时，一个时刻仅占用一段通道。在交换节点中需要缓冲存储，报文需要排队，故报文交换不能满足实时通信的要求。

优点：

第一，电路利用率高。由于许多报文可以分时共享两个节点之间的通道，所以对于同样的通信量来说，对电路的传输能力要求较低。

第二，在电路交换网络上，当通信量变得很大时，就不能接受新的呼叫。而在报文交换网络上，通信量大时仍然可以接收报文，不过传送延迟会增加。

第三，报文交换系统可以把一个报文发送到多个目的地，而电路交换网络很难做到这一点。

第四，报文交换网络可以进行速度和代码的转换。

缺点：

第一，不能满足实时或交互式的通信要求，报文经过网络的延迟时间长且不定。

第二，有时节点收到过多的数据而无空间存储或不能及时转发时，就不得不丢弃报文，而且发出的报文不按顺序到达目的地。

三、分组交换的工作原理

分组交换是报文交换的一种改进方式，它将报文分成若干个分组，每个分组的长度有一个上限，有限长度的分组使得每个节点所需的存储能力降低了，分组可以存储到内存中，由此提高了交换速度。它适用于交互式通信，如终端与主机通信。分组交换有虚电路分组交换和数据报分组交换两种。它是计算机网络中使用最广泛的一种交换技术。

（一）虚电路分组交换原理与特点

在虚电路分组交换中，为了进行数据传输，网络的源节点和目的节点之间要先建一条逻辑通路。每个分组除了包含数据之外还包含一个虚电路标识符。在预先建好的路径上的每个节点都知道把这些分组引导到哪里去，不再需要路由选择判定。最后，由某一个站用清除请求分组来结束这次连接。它之所以是"虚"的，是因为这条电路不是专用的。

虚电路分组交换的主要特点是：在数据传送之前必须通过虚呼叫设置一条虚电路。但并不像电路交换那样有一条专用通路，分组在每个节点上仍然需要缓冲，并在线路上进行排队等待输出。

（二）数据报分组交换原理与特点

在数据报分组交换中，每个分组的传送是被单独处理的。每个分组称为一个数据报，每个数据报自身携带足够的地址信息。一个节点收到一个数据报后，根据数据报中的地址信息和节点所储存的路由信息，找出一个合适的出路，把数据报原样地发送到下一节点。由于各数据报所走的路径不一定相同，因此不能保证各个数据报都会按顺序到达目的地，有的数据报甚至会中途丢失。整个过程中，没有虚电路建立，但要为每个数据报做路由选择。

四、各种数据交换技术的性能比较

（一）电路交换

在数据传输之前必须先设置一条完全的通路。在线路拆除（释放）之前，该通路由一对用户完全占用。电路交换效率不高，适合于较轻和间接式负载使用租用的线路进行通信。

（二）报文交换

报文从源点传送到目的地采用存储转发的方式，报文需要排队。因此报文交换不适合于交互式通信，不能满足实时通信的要求。

（三）分组交换

分组交换方式和报文交换方式类似，但报文被分成分组传送，并规定了最大长度。分组交换技术是在数据网中最广泛使用的一种交换技术，适用于交换中等或大量数据的情况。

第二节　数据传输网络

网络体系结构是为了完成网络中和计算机间的通信合作，将计算机互联的功能划分成有明确定义的层次，规定同层次实体通信的协议及相邻层之间的接口服务。将这些同层实体通信协议及相邻层接口统称为网络体系结构。

网络传送是个很复杂的过程，为了实现计算机之间可靠的数据交换，许多工作都需要协调（如发送信号的数据格式，通信协议与出错处理，信号编码与电平参数，传输速度匹配等）。

假定一个与网络相连的设备正向另一个与网络相连的设备发送数据，由于各个厂家都有各自的实现方法，这些设备可能不完全兼容，则它们相互之间不可能进行识别和通信。解决方法之一，是在同一个网络中全部使用某一厂家的专有技术和设备，但在网络互联的今天已不可行。另一种方法就是制定一套实现互联的规范（标准），即所谓"协议"，该标准允许每个厂家以不同的方式完成互联产品的开发、设计与制造，当按同一协议制造的设备连入同一网络时，它们就完全兼容，仿佛是由同一厂家生产的一样，这就是网络中使用协议的原因。

通过通信设备和线路连接起来的计算机要做到有条不紊地交换数据，必须具有同样的语言，交流什么、怎样交流及何时交流都必须遵循事先的约定或都能接受的一组规则，这些为进行网络中的数据交换而建立的规则、标准或约定的集合称为网络协议。

网络协议有三个组成要素：语法、语义和同步。语法，即数据与控制信息的结构和形式；语义，即需要发出何种控制信息，完成何种动作以及做出何种应答；同步，即事件实现顺序的详细说明。

语义规定通信双方彼此"讲什么"（含义），语法规定"如何讲"（格式），同步规定了信息交流的次序（顺序）。

一、OSI 参考模型

在 20 世纪 70 年代，计算机网络发展很快，相继出现了 10 多种网络体系结构，而这些网络体系结构所构成的网络之间无法实现互联。为了在更大范围内共享网络资源和相互通信，人们迫切需要一个共同的可以值得参考的标准，使得不同厂家的软硬件资源和设备都能够互联。为此，国际标准化组织 ISO 于 1977 年成立了信息处理技术委员会 TC97，专门进行网络体系结构标准化的工作。在综合了已有的计算机网络体系结构的基础上，于 1984 年制定了著名的开放式系统互联参考模型，简称 OSI。OSI 已作为国际标准的网络体系结构。

开放式系统互联参考模型将网络通信过程划分为 7 个相互独立的功能组（层次），并为每个层次制定一个标准框架。上面 3 层（应用层、表示层、会话层）与应用问题有关，而下面 4 层（传输层、网络层、数据链路层、物理层）则主要处理网络控制和数据传输 / 接收问题。

计算机网络体系结构模型将计算机网络划分为 7 个层次，自下而上分别称为物理层、数据链路层、网络层、传输层、会话层、表示层和应用层。用数字排序自下而上分别为第 1 层、第 2 层、……第 7 层。应用层由 OSI 环境下的应用实体组成，其下面较低的层提供有关应用实体协同操作的服务。

开放系统互联参考模型的特点有以下几点：

第一，每层的对应实体之间都通过各自的协议进行通信。

第二，各个计算机系统都有相同的层次结构。

第三，不同系统的相应层次具有相同的功能。

第四，同一系统的各层次之间通过接口联系。

第五，相邻的两层之间，下层为上层提供服务，上层使用下层提供的服务。

OSI 模型分为 7 层，它描述了通过网络传递信息所必须完成的工作。当数据通过网络传输时，它必须通过 OSI 模型的每一层，数据经过每一层时都要附加一些信息。到了接收端，这些附加的信息又被移走。第 4 ~ 7 层在端节点实现，称为上层协议；第 1 ~ 3 层称为底层协议，其功能是由计算机和网络共同执行的。OSI 模型仅仅是一个模型，也就是一个概念框架，用于描述网络设备或成员间所必需的功能。没有哪个实际的网络产品严格地遵照该模型来实现。

第 7 层：应用层，负责用户程序和网络其他业务之间交换信息。这一层支持应用和用户程序。它为应用进程访问网络提供了一个窗口。它处理一般的网络接入、流量控制、差错恢复和文件传输。应用层协议的例子有文件传输协议（FTP）、Telnet、简单邮件传输协议（SMTP）和超文本传输协议（HTTP）。

第 6 层：表示层，采用软件应用可以理解的格式来表示信息。它完成数据格式的转换，从而可以提供一个标准的应用接口和公共的通信服务。它提供的服务有加密、压缩和转换格式。表示层在每个包中增加了一个字段，该字段说明了包中的信息是如何编码的。例如：它可以说明是否对数据进行了压缩，如果是，还要说明用的是哪种压缩方法，这样，接收端就可以正确地解压缩。它也可以说明是否对数据进行了加密，如果是，还要具体说明用的是哪种加密方法，这样接收端也就可以正确地解密。表示层保证了收发双方能看见相同格式的信息。

第 5 层：会话层，负责会话连接的建立、管理和安全性。用户与用户的逻辑上的联系（两个表示层进程的逻辑上联系）通常称为会话。会话层按照在应用进程之间约定的原则，建立、监视计算机之间的会话连接，提供进程间通信的控制结构。

第 4 层：传输层，负责纠正传输差错并保证信息能可靠地传送。它提供端到端的差错恢复和流量控制，包括包的处理、消息的再打包、将消息分割成小的包以及差错的处理。传输层协议的例子有传输控制协议（TCP）、用户数据报协议（UDP）。

第 3 层：网络层，区分网络上的计算机并决定如何在网络上传送信息，换句话说，该层负责选路和转发，它定义了网络之间以及设备之间如何传递信息。这一层的主要任务是附加地址信息，以及通过网络及中间节点转移数据的控制信息。它要负责建立、维护和终止连接，包括数据包的交换、选路、数据拥塞、数据的再封装以及逻辑地址到物理地址的转换。网络层协议的例子有 X.25、网际协议（IP）等。

第 2 层：数据链路层，将数据组装起来等待传输。它将一些"0"和"1"比特封装进一个帧中，使得信息可以在相同网络上的两个设备之间传递。这一层协议规定了在单个数据链路上两个设备之间传送单个帧所必须遵守的规则。数据帧中包括必要的同步信息、差错控制信息和流量控制信息。

第 1 层：物理层，定义了传输介质如何连接到计算机上，以及电信号或光信号如何在传输介质上传输。物理层定义了所支持的电缆或无线接口的类型，以及支持的传输速率。根据物理接口的不同，每种网络业务和网络设备都有相应的物理层规范。例如，物理层的规范涉及非屏蔽双绞线（UTP）、屏蔽双绞线（STP）、同轴电缆 10Base-T（一种以太网标准，它使用双绞线来实现 10Mbit/s 到桌面）、多模光纤和单模光纤、xDSL、ISDN 以及各种 PDH（例如，DS-1/DS-4 或 E-1/E-3）和 SDH/SONET（例如，OC-1 直到 OC-192）。

二、TCP/IP 协议

TCP/IP 协议起源于 20 世纪 60 年代末美国政府资助的一个分组交换网络研究项目，TCP/IP 协议最早由斯坦福大学的两名研究人员于 1973 年提出。随后从 1977 年到 1979 年间推出 TCP/IP 体系结构和协议规范，到 90 年代已发展成为计算机之间最常应用的组网形式。它是一个真正的开放系统，是"全球互联网"或"因特网"（Internet）的基础。它的跨平台性使其逐步成为 Internet 的标准协议。通过 TCP/IP 协议，不同操作系统、不同架构的多种物理网络之间均可以进行通信。

TCP/IP 是 Transmission Control Protocol/Internet Protocol 的缩写，即传输控制协议/因特网协议。它除了代表 TCP 与 IP 这两种通信协议外，更包含了与 TCP/IP 协议相关的数十种通信协议，例如 SMTP、DNS、ICMP、FTP 等。

TCP/IP 协议套件实际是一个协议族，包括 TCP 协议、IP 协议以及一些其他的协议。每种协议采用不同的格式和方式传送数据，它们都是 Internet 的基础。

TCP/IP 协议是一种因特网互联通信协议，其目的是将各种异构计算机网络或主机通过 TCP/IP 协议实现互联互通。为了实现这一功能，TCP/IP 采用分层体系结构，每一层完成特定的功能，各层之间相互独立，采用标准接口传送数据。数据流动可看作是从一层传递到另一层，从一个协议又传递到另一个协议。数据从应用层向下传递到物理层，然后流经网络、数据到达目的地后，将通过协议簇向上传递到目的应用程序。

OSI 模型是一种通用的、标准的、理论模型，在市场上没有一个流行的网络协议完全遵守 OSI 模型，TCP/IP 协议也不例外。TCP/IP 协议栈有属于自己的模型，称为 TCP/IP 协议栈。

在一个基于 TCP/IP 的网络通信中，可以根据任务和功能将 TCP/IP 协议栈中的协议分为四个层次：

第一，应用层。

第二，传输层。

第三，互连网络层。

第四，网络接口层。

TCP/IP 协议特点：

第一，开放的协议标准，可以免费使用，并且独立于特定的计算机硬件与操作系统。

第二，独立于特定的网络硬件，可以运行在局域网、广域网，更适用于互联网中。

第三，统一的网络地址分配方案，使得整个 TCP/IP 设备在网中都具有唯一的地址。

第四，标准化的高层协议，可以提供多种可靠的用户服务。

应用层：应用层负责处理特定的应用程序。TCP/IP 提供了大量的应用程序，下面几种是最为通用的：

WWW——国际互联网。

Telnet——远程登录。

FTP——文件传输协议。

SMTP——用于电子邮件的简单邮件传输协议。

SNMP——简单网络管理协议。

传输层：传输层的主要作用是为两台主机上的应用程序提供端到端的通信。在 TCP/IP 协议族中有两个传输协议：TCP、UDP。

TCP 是一个可靠的、面向连接的协议，它保障某一台主机的数据流准确无误地传递到网络上的另一台主机。

UDP 只负责将数据流从一台主机传递到网络中的另一台主机，但不保证是否能够到达，所以说，它无连接、不可靠。

网络层：网络层也可称为互联网层，其主要工作是处理分组的路由选择。它的任务是允许主机将分组放到网络上，并且让每个分组独立地到达目的地。该层协议包括了 IP 协议、ICMP 协议、IGMP 协议。

网络接口层：完成 OSI 的数据链路层和物理层功能，负责接收 IP 数据报，通过网络向外发送，或者从网络上接收物理帧，从中提出 IP 数据报，向上层传送。在 TCP/IP 网络接口层，TCP/IP 并没有定义任何特定的协议，它支持所有标准的和专用的协议。

三、局域网

局域网（Local Area Network，LAN）是将分散在有限地理范围内的多台计算机通过传输媒体相互连接起来的通信网络，通过功能完善的网络软件，实现计算机之间相互通信和共享资源。局域网（LAN）具有以下特点：

第一，地理分布范围较小，一般为数百米至数千米，可覆盖一幢大楼、一所校园或一个企业。

第二，数据传输速率高，一般为 10Mbit/s、100Mbit/s，目前已出现速率高达 1000

Mbit/s 甚至更高的局域网。

第三，误码率低，一般在 10-11 ~ 10-8。这是因为局域网通常采用短距离基带传输，可以使用高质量的传输媒体，从而提高了数据传输质量。

第四，以 PC 机作为主体，包括终端及各种外设，网中一般不设中央主机系统。

第五，一般包含 OSI 参考模型中的低三层功能，即涉及通信子网的内容。

第六，协议简单、结构灵活、建网成本低、周期短、便于管理和扩充。

（一）局域网参考模型

国际电气和电子工程协会（IEEE）于 1980 年 2 月成立局域网标准化委员会（简称 802 委员会）专门负责局域网协议的标准化工作。IEEE802 委员会给出的局域网参考模型中只包括 OSI 中的数据链路层及物理层。其中数据链路层细分为两个子层：逻辑链路控制层（LLC 层）及媒体访问控制层（MAC 层）。

（二）局域网协议体系

IEEE802 协议体系由一系列标准协议构成，其中包括 802.1、802.2、802.3、802.4、802.5、802.6、802.7、802.8、802.9、802.10、802.11、802.12、802.14、802.15、802.16、802.20 等一系列协议。

IEEE802 协议体系中，局域网在实现时，物理层及 MAC 层由网卡内的硬件及软件来完成，而 LLC 层以上各层均由计算机软件来得以实现。对于采用不同协议的局域网，它们仅在 MAC 层及物理层相异，而上层都保持一致，这使得网络互连性及兼容性大大提高，也使网络易于更改、升级。

802.1 是一个最基本的标准，描述了各协议间的关系、参考模型及与较高层协议的关系。包括：Glossary(术语表)、Network Management(网络管理)、AInternetworking(网络互连)、IEEE802 概述和结构，802.1q 包含有虚拟局域网（VLAN）标准，802.1d 中包含生成树协议（Spanning Tree Protocol，STP），用于局域网的桥接。

802.2 是通用的逻辑链路控制层。该标准定义了数据链路层同步和所有 802 LAN

类型的差错控制，其中包括 802.11 的差错控制。

802.3 描述了 CSMA/CD 媒体访问控制协议及相应的物理层规范，定义了 10Mbit/s、100Mbit/s 和 1000Mbit/s 的以太网络标准以及五类双绞线和光纤为标准连接线缆。描述了怎样将各个厂商的设备混合使用而不用考虑不同的传送速率和线缆类型的差别。

802.10 描述了局域网的安全与保密问题，为有线和无线局域网提供了安全保障。在 802.10a 标准中提出了数据安全的一些标准如安全框架，在 802.10c 中提出了密钥管理。

802.11 描述无线局域网媒体访问控制协议及其物理层规范，包括各种物理介质，有跳频扩频、直接序列扩频以及红外线等，即 WLAN（Wi-Fi）标准。

802.15 无线个人区域网，为便携式和移动式计算机设备之间建立一个无线相互连接。ZigBee 即是 IEEE802.15.4 的细化标准。

802.16 宽带无线访问，为固定带宽的无线访问系统开发标准。即 WiMAX，其中 IEEE802.16m，4G 标准，支持 350km/h 的运动速度 IEEE802.16e 则支持 120km/h 的运动速度，IEEE802.16d（802.16-2004 或称为 Fixed WiMAX）支持多种业务类型的固定宽带无线接入。

（三）IEEE802.3 以太网

以太网最初由 Xerox 公司研制，并在 1980 年由 DEC 公司和 Xerox 公司共同使之规范成形，后作为 802.3 标准为电气与电子工程师协会（IEEE）所采纳。

目前以太网主要有百兆、千兆等类型，十兆以太网目前已经很少应用。百兆以太网一般称为快速以太网，千兆以太网一般称为高速以太网。

以太网采用载波监听多路访问 / 冲突检测 CSMA/CD（Carrier Sense Multiple Access/Collision Detection）的共享访问方案。

以太网标准拓扑结构为总线型拓扑，但目前的快速和高速以太网为了最大程度减少冲突，最大程度提高网络速度和使用效率，使用交换机来进行网络连接和组织，这样以太网的拓扑结构就成了星型，但在逻辑上仍然使用总线型拓扑和 CSMA/CD 技术。

CSMA/CD 特点：

一个节点发送的帧可以被多个节点接收。在欲发送帧前，必须对介质进行侦听，当确认其空闲时，才可以发送。

若在侦听中发现线路忙，则等待一个延时后再次侦听，若仍然忙，则继续延迟等待，一直等到可以发送为止。每次延时的时间不一致，由退避算法确定延时值。

发送帧时，仍持续监测信道，一旦发现信道上发生了碰撞，则发送特殊阻塞信息强化冲突并立即停止发送数据，然后在固定时间内等待随机时间再次发送。若依旧碰撞，则采用退避算法再次进行发送。退避算法保证各节点延时时间不一致以减少碰撞。

帧发送结束后，再持续 2τ 的时间继续检监测信道，如监测不到碰撞，可确认该帧已发送成功。这里的 τ 指信道的最大传播时延。

1. 快速以太网

随着网络的不断发展，标准以太网技术已难以满足日益增长的网络数据流量速度需求，1995 年 3 月 IEEE 宣布了 IEEE802.3u 100BASE-T 快速以太网（Fast Ethernet）标准。

100Mbit/s 快速以太网标准又可分为 100BASE-TXJ00BASE-FX J00BASE-T4 三个子类。100BASE-TX：是一种使用五类数据级无屏蔽双绞线或屏蔽双绞线的快速以太网技术。它使用两对双绞线，一对用于发送，另一对用于接收数据。100BASE-FX：是一种使用光缆的快速以太网技术，可使用单模和多模光纤（62.5pL 和 125am）。100BASE-T4：是一种可使用 3、4、5 类无屏蔽双绞线或屏蔽双绞线的快速以太网技术。100BASE-T4 使用四对双绞线，其中的三对用于在 33MHz 的频率上传输数据，每一对均工作于半双工模式。第四对用于 CSMA/CD 冲突检测。

快速以太网优点最主要体现在快速以太网技术可以有效保障用户在布线基础设施上的投资。不足在于仍是基于载波侦听多路访问和冲突检测（CSMA/CD）技术，当网络负载较重时，会造成效率的降低，当然这可以使用交换技术来弥补。

2. 千兆以太网

为了在高速宽带连接中面对 ATM 和 FDDI 技术的挑战，1996 年 3 月成立的 IEEE802.3z 工作组，专门负责千兆以太网的研究，并制定相应标准。千兆以太网使用原有以太网的帧结构、帧长及 CSMA/CD 协议，只是在低层将数据速率提高到了 1Gbit/s。因此，它与标准以太网（10Mbit/s）及快速以太网（100Mit/s）兼容。

用户能在保留原有操作系统、协议结构、应用程序及网络管理平台与工具的同时，只需通过简单的修改，使现有的网络工作站廉价地升级到千兆位速率。

由于千兆以太网将支持光纤媒介，使用交换式光纤分布式数据接口的用户也较容易升级至千兆的速度。这将极大地增加提供给用户的带宽，同时保护了原有的光纤线缆上的投资。

千兆以太网协议定义了四种物理层接口：

1000BASE-LX：较长波长的光纤，支持 550m 长的多模光纤（62.5μm 或 50μm）或 5km 长的单模光纤（10μm），波长范围为 1270 ~ 1355nm。

1000BASE-SX：较短波长的光纤，支持 275m 长的多模光纤（62.5μm）或 550m 长的多模光纤（50μm），波长范围为 770 ~ 860nm。

1000BASE-CX：支持 25m 长的短距离屏蔽双绞线，主要用于单个房间内或机架内的端口连接。

1000BASE-T：支持四对 100m 长的 UTP5 线缆，每对线缆传输 250M 数据。

千兆以太网的帧结构与标准以太网的帧结构相同，其最大帧长为 1518B，最小帧长为 46B。千兆以太网媒体访问采用全双工和半双工两种方式：

全双工方式适用于交换机到交换机或交换机到站点之间点—点连接，两点间可以同时进行发送与接收，不存在共享信道的争用问题，所以不需采用 CSMA/CD 协议。

半双工协议则适用于共享媒体的连接方式，仍采用 CSMA/CD 协议解决信道的争用问题。

（四）以太网交换机和路由器

以太网交换机是一种基于 MAC（介质访问控制）地址识别、完成以太网数据帧转发的网络设备，它根据帧头的目的 MAC 地址查找 MAC 地址表，然后将该数据帧从对应端口上转发出去，从而实现数据交换。交换机可分割冲突域，每个端口独立形成一个冲突域。通过交换机的过滤和转发，可以有效隔离广播风暴，同时减少误包和错包的出现，避免共享冲突。

目前常用的以太网交换机有二层交换机和三层交换机两种，分别工作于数据链路层和网络层。目前，第二层交换机由于其价格低廉，并且其功能满足中小型网络互联的需求，应用最为普遍。而在大中型网络中，第三层交换机已经成为基本配置设备。值得注意的是，所有的交换机在协议层次上来说都是向下兼容的，都能够工作在第二层。

以太网路由器工作于网络层，能够在不同的网络之间转发数据包，并为数据转发智能地选择最佳路径，如根据传输费用、转接延时、网络拥塞或源与目的站之间的距离选择最佳路径。

路由器的优点在于接口类型丰富，支持的网络层功能强大，路由能力强大，适用于大型的网络间的路由，它的优势在于选择最佳路由，负荷分担，链路备份及和其他网络进行路由信息的交换等路由器所具有的功能。

三层以太网交换机最重要的功能是加快大型局域网络内部的数据的快速转发，加入路由功能也是为这个目的服务的。如果把大型网络按照部门、地域等因素划分成一个个小局域网，将导致大量的网际互访，单纯使用二层交换机就不能实现网际互访；而此时如果使用路由器，则由于接口数量有限和路由转发速度慢，将限制网络的速度和网络规模，因此采用具有路由功能、能够实现快速转发的三层交换机就成为首选。

一般来说，在内网数据流量大，要求快速转发响应的网络中，如全部由三层交换机来做这个工作，会造成三层交换机负担过重，响应速度受影响，将网间的路由交由路由器去完成，充分发挥不同设备的优点，也是一种好的组网策略，当然花费较多，否则只能使用三层交换机。

四、广域网

当主机之间的距离较远时，局域网就无法完成主机之间的通信任务，这时就需要另一种结构的网络，即广域网。

广域网（Wide Area Network，WAN）是在一个广泛范围内建立的计算机通信网。广泛范围指地理范围而言，可以超越一个城市、一个国家甚至全球。

广域网一般作为远程通信网出现，一般使用电信运营商提供的设备作为信息传输平台。在实际应用中，广域网可与局域网（LAN）互连，即局域网可以是广域网的一个终端系统。

相距较远的局域网通过路由器与广域网相连，组成了一个覆盖范围很广的互联网。

对照 OSI 参考模型，广域网技术位于 OSI 底层的三个层次，分别是物理层、数据链路层和网络层。广域网物理层协议描述了如何为广域网络业务提供电气、机械、操作性以及功能性的连接。

广域网数据链路层协议描述了在单一数据链路中帧是如何在系统间传输的。其中包括为运行点到点、点到多点、多路访问交换业务如帧中继等设计的协议。广域网最高层是网络层，其主要功能为：实现端到端的网络连接，屏蔽不同子网技术的差异，向上层提供一致的服务。

第一，路由器属于网络层的互联设备，用于实现不同网络之间的互联和路由功能。

第二，广域网交换机属于数据链路层的多端口存储转发设备，在广域网中实现数据链路层协议帧的转发。

第三，调制解调器用于实现数字和模拟信号转换，如 ISDN 网络中用到的 TA/NT1 设备等。

第四，通信服务器主要用来对广域网用户进行身份合法性的验证并提供服务策略。

公共传输网络大体可以分为两类：

第一，电路交换网络，主要包括公共交换电话网（PSTN）和综合业务数字网（ISDN）。

第二，分组交换网络，主要包括 X.25 分组交换网、帧中继和交换式多兆位数据服务（SMDS）。

专用传输网络是由一个组织或团体自己建立、使用、控制和维护的私有通信网络。一个专用网络起码要拥有自己的通信和交换设备，它可以建立自己的线路服务，也可以向公用网络或其他专用网络进行租用。

专用传输网络主要是数字数据网（DDN）。DDN 可以在两个端点之间建立一条永久的、专用的数字通道。它的特点是在租用该专用线路期间，用户独占该线路的带宽。

无线传输网络主要是移动无线网，典型的有 GSM 和 GPRS 技术等。

以下是常见的广域网类型通信网：

第一，公用电话网。用电话网传输数据，用户终端从连接到切断，要占用一条线路，所以又称电路交换方式，其收费按照用户占用线路的时间而决定。在数据网普及以前，电路交换方式是最主要的数据传输手段。

第二，公用分组交换数据网。分组交换数据网将信息分"组"，按规定路径由发送者将分组的信息传送给接收者，数据分组的工作可在发送终端进行，也可在交换机中进行。每一组信息都含有信息目的的"地址"。分组交换网可对信息的不同部分采取不同的路径传输，以便最有效地使用通信网络。在接收点上，必须对各类数据组进行分类、监测以及重新组装。

第三，数字数据网。它是利用光纤（或数字微波和卫星）数字电路和数字交叉连接设备组成的数字数据业务网，主要为用户提供永久、半永久型出租业务。数字数据网可根据需要定时租用或定时专用，一条专线既可通话与发传真，也可以传送数据，且传输质量高。

（五）数据传输网络在交通系统中的应用

1. 交通控制中心内部局域网

某个交通指挥中心内部的结构采用经典的三层模型，将整个网络划分为核心层、分布层和访问层。

2. 网络技术在高速公路收费系统中的应用

收费广场的各收费车道的收费数据，经多模数据光端机、光缆和收费广场的共享式集线器到收费站的交换式集线器，完成收费车道的收费数据到收费站的传输。

由计算机局域网和自愈环形网实现了收费数据从收费车道到收费站，从收费站到收费分中心，然后再由收费分中心经路由器进入城域网，到达省级结算中心的网络平台的全程传输。

第三节　光数字传输网络与无线移动通信网络

一、光数字传输网络

光纤通信系统是以光波为载体，光导纤维为传输介质的通信系统，由光纤、光发送机和光接收机、中继器等组成。

光纤是传输光波的介质，将光信号由一处传送到另一处。

光发送机将电信号转换为光信号，并将生成的光信号注入光纤。光发送机一般由驱动电路、光源和调制器组成。

光接收机的作用是将光纤送来的光信号还原成原始的电信号，它一般由光电检测器和解调器组成。

中继器分为电中继器和光中继器（光放大器）两种，其主要作用是延长光信号的传输距离。光纤通信采用的复用技术主要有时分复用、波分复用以及光码分复用等。波分复用系统中，当复用的波长数增多，使得每个复用波长的间隔不到 1 纳米（nm）时，这种复用技术称作密集波分复用（DWDM）。

上述复用技术与前面讲的通信复用技术相似。

但对于光纤通信，还有光副载波复用（OSCM）技术。它是将基带信号首先调制到 GHz 的副载波上，再把副载波调制到 THz 的光载波上。每个信道具有不同的副载波频率，占据光载波附近光谱的不同部分，从而保证各信道上信号之间互不干扰。

副载波信道的复用和解复用是在电域而不是在光域进行的，因此，副载波复用具有几个信道能够共用一个价格昂贵的光器件，以此降低设备成本。

像时分复用一样，副载波复用受限于电、光器件的可用带宽，从而限制了最高副载波频率和数据率。要想更多地利用光纤的带宽，副载波复用技术可以与波分复用技术联合使用。

二、无线移动通信网络

GSM：Global System for Mobile Communications，全球移动通信系统。

GSM 网络由终端、无线接入设备和核心网络等几部分组成。具体包括无线基站子系统（BSS）、交换网络子系统（NSS）、操作维护子系统（OSS）和移动台（MS）四大部分组成。

（一）无线基站子系统（BSS）

完成无线发送和接收、无线资源管理，通过基站控制器 BSC 与移动业务交换中心 MSC 连接。

BSS 部分包括基站控制器（BSC）、基站收发信台（BTS）和码型转换单元（TC）。

BSS 系统是在一定的无线覆盖区中，由 MSC 控制，与 MS 进行通信的系统设备，它主要负责完成无线发送接收和无线资源管理等功能。它给 MS 和 NSS 之间提供了传输通道并管理这个通道。BSS 功能实体可分为 BTS、BSC 和 TC。

BTS：BTS 包括收发信机和天线，以及与无线接口有关的信号处理电路等无线接口设备，它完全由 BSC 控制，主要负责无线传输，完成无线与有线的转换、无线分集、无线信道加密、跳频等功能。

BSC：主要负责控制和管理，主要由 BTS 控制部分、交换部分和公共处理器部分等组成。具有对一个或多个 BTS 进行控制和管理的功能，它主要是进行无线信道的分配，释放以及越区信道切换的管理等，在 BSS 系统中起交换设备的作用。

TC：具有码型转换、速率适配的功能。

（二）交换网络子系统（NSS）

完成交换功能和客户数据与移动性管理、安全性管理所需的数据库功能。

NSS 系统包括移动业务交换中心（MSC）、来访位置寄存器（VLR）、归属位置寄存器（HLR）、鉴权中心（AUC）、移动设备识别寄存器（EIR）。

NSS 由一系列功能实体所构成，各功能实体间以及 NSS 与 BSS 之间通过符合 CCITT 信令系统 No.7 协议规范的 7 号信令网络互相通信。它的主要作用是管理 GSM 用户和其他网络用户之间的通信。

移动业务交换中心 MSC：构成是 GSM 系统的核心，它完成最基本的交换功能，即实现移动用户与其他网络用户之间的通信连接。提供面向系统其他功能实体的接口、到其他网络的接口以及与其他 MSC 互连的接口。

MSC 为用户提供承载业务、基本业务与补充业务等一系列服务，还支持位置登记、越区切换和自动漫游等功能。为了建立至移动台的呼叫路由，相关的 MSC 还应能完成关口 MSC（GM-SC）的功能，即查询位置信息的功能。

拜访位置寄存器 VLR：存储所管辖区域中所有用户的全部有关信息，为已经登记的移动用户提供建立呼叫连接的必要条件。是一个动态数据库，需要随时与有关的 HLR 进行大量的数据交换以保证数据的有效性。当用户离开其覆盖区时，用户的相关信息将被删除。VLR 在物理实体上总是与 MSC 一体。

归属位置寄存器 HLR：GSM 系统的中央数据库，是存储管理部门用于移动客户管理的数据。每个移动客户都应在其归属位置寄存器（HLR）注册登记，它主要存储两类信息：一是有关客户的参数，包括用户的漫游权限、基本业务和补充业务等；二是有关客户目前所处位置的信息，以便建立至移动台的呼叫路由，如 MSC、VLR 地址等。一个 HLR 可以覆盖几个移动交换区域甚至整个移动网。

鉴权中心 AUC：存储用户的加密信息，用以保护用户在 GSM 系统中的合法地位不受侵犯。用于产生为确定移动客户的身份和对呼叫保密所需鉴权、加密的三组参数（随机号码 RAND，符合响应 SRES，密钥 KC）的功能实体，是一个受到严格保护的数据库，在物理实体上与 HLR 共存。

移动设备识别寄存器 EIR：也是一个数据库，存储移动台 IMEI 有关的信息。主要完成对移动设备的识别、监视、闭锁等功能，以防止非法移动台的使用。

（三）操作维护子系统（OSS）

GSM 系统的操作维护子系统（OSS），它主要是对整个 GSM 网络进行管理和监控，通过它实现对 GSM 网内各种部件功能的配置管理、故障管理和性能管理等功能。其功能实体包括无线部分的操作与维护中心（OMC-R）、移动部分的操作与维护中心（OMC-M）、交换部分的操作与维护中心（OMC-S）、GPRS 部分的操作与维护中心（OMC-G）和网管中心（NMC）。

（四）移动台（MS）

移动台就是移动客户设备部分，它由两部分组成：即移动终端（MT）和客户识别卡（SIM），移动终端就是"机"，可完成话音编码、信道编码、信息加密、信息的调制和解调、信息发射和接收以及实现鉴权、位置更新等通信处理。

第四节　无线传感器网络

无线传感器网络就是由部署在监测区域内大量的廉价微型传感器节点组成，通过无线通信方式形成的一个多跳自组织网络。其目的是协作地感知、采集和处理网络覆盖区域中感知对象的信息，并发送给观察者。

无线传感器网络由部署在监测区域内大量的廉价微型传感器节点组成，通过无线通信方式形成的一个多跳的自组织的网络系统。

一、无线传感器网络的节点结构

无线传感器的网络节点由传感器模块、处理器模块、无线通信模块和能量供应模块四部分组成。传感器模块负责监测区域内信息的采集和数据转换；处理器模块负责控制整个传感器节点的操作、存储和处理本身采集的数据以及其他节点发来的数据；无线通信模块负责与其他传感器节点进行无线通信，交换控制消息和收发采集数据；能量供应模块为传感器节点提供运行所需的能量。

二、无线传感器网络的网络结构

传感器网络是由大量的传感节点组成，传感节点部署在检测区域的附件传感器网络结构，传感器网络系统通常包括传感器节点、汇聚节点和管理节点。大量传感器节点随机部署在监测区域内部或附近，能够通过自组织方式构成网络传感器节点，监测的数据沿着其他传感器节点逐跳地进行传输。在传输过程中监测数据可能被多个节点处理经过多跳后路由到汇聚节点，最后通过互联网或卫星到达管理节点用户，通过管理节点对传感器网络进行配置和管理发布监测任务以及收集监测数据。

无线传感器网络多采用普通网络的五层协议标准以外还包括能量管理平台、移动管理平台和任务管理平台。这些管理平台使得传感器节点能够按照能源高效的方式协同工作，在节点移动的传感器网络中转发数据，并支持多任务和资源共享。各层协议和平台的功能如下：

第一，能量管理平台管理传感器节点如何使用能源，在各个协议层都需要考虑节省能量。

第二，移动管理平台检测并注册传感器节点的移动，维护到汇聚节点的路由，使得传感器节点能够动态跟踪其邻居的位置。

第三，任务管理平台在一个给定的区域内平衡和调度监测任务。

三、节点定位问题

位置信息是传感器节点采集数据中不可缺少的部分，没有位置信息的检测消息通常毫无意义。确定事件发生的位置或采集数据的节点位置是传感器网络最基本的功能之一。目前主要的定位方法是利用少量已知位置节点，以此来获取其他节点的位置信息。

优点：

第一，分布节点中多角度和多方位信息的综合有效地提高了信噪比，这一直是卫星和雷达这类独立系统难以克服的技术问题之一。

第二，传感器网络低成本、高冗余的设计原则为整个系统提供了较强的容错能力。

第三，传感器节点与探测目标的近距离接触大大消除了环境噪声对系统性能的影响。

第四，节点中多种传感器的混合应用有利于提高探测的性能指标。

第五，多节点联合，形成覆盖面积较大的实时探测区域。

第六，借助于个别具有移动能力的节点对网络拓扑结构的调整能力，可以有效地消除探测区域内的阴影和盲点。

缺点：

无线传感器网络（Wireless Sensor Network，WSN）是物联网（Internet of Things，IOT）的主要支撑技术之一。在许多情况下，WSN节点必须采用电池供电方式，因为电池容量十分有限，所以必须解决节点低功耗、网络低功耗、节点寿命以及网络寿命的问题。虽然可以设计合理的算法，通过增加节点的休眠时间、控制网络流量以及设计低功耗收发模块等许多方法来延长节点的寿命，但是不能从根本上解决WSN节点更换电池的问题，从而限制了WSN的应用场所（如野外环境监测、人员不能接近的危险物品监测等场合）。另一方面，随着物联网技术的发展和需求增加，WSN节点的数量会急剧增加，大量的电池使用不仅会消耗巨大的能源，而且废弃的电池会带来极大的环境污染问题，从而导致 WSN 的工程应用困难，限制了 WSN 的应用领域。因此，WSN 节点的供电问题就成为 WSN 工程应用中的关键技术问题。为了彻底解决 WSN 节点更换电池的问题，人们提出了太阳能发电、环境光发电、振动发电、环境电波发电等多种环境发电（Energy Harvesting）方案，可参考其他文献。

第五节　物联网与智能交通

物联网是在计算机互联网的基础上，利用 RFID、无线数据通信等技术，构造一个覆盖世界上万事万物的 "Internet of Things"。在这个网络中，物品（商品）能够彼此进行 "交流"，而无须人的干预。其实质是利用射频自动识别（RFID）技术，通过计算机互联网实现物品（商品）的自动识别和信息的互联与共享。

国际电信联盟（ITU）发布的 ITU 互联网报告，对物联网做出如下定义：通过二维码识读设备、射频识别（RFID）装置、红外感应器、全球定位系统和激光扫描器等信息传感设备，按约定的协议，把任何物品与互联网相连接，进行信息交换和通信，以实现智能化识别、定位、跟踪、监控和管理的一种网络。

根据国际电信联盟（ITU）的定义，物联网主要解决物品与物品（Thing to Thing，T2T），人与物品（Human to Thing，H2T），人与人（Human to Human，H2H）之间的互联。但是与传统互联网不同的区别是，H2T 是指人利用通用装置与物品之间的连接，从而使得物品连接更加简化，而 H2H 是指人们之间不依赖于 PC 而进行的互连。因为互联网并没有考虑到对于任何物品连接的问题，故我们使用物联网来解决这个传统意义上的问题。物联网顾名思义就是连接物品的网络，许多学者讨论物联网中，经常会引入一个 M2M 的概念，可以解释成为人到人（Man to Man）、人到机器（Man to Machine）、机器到机器（Machine to Machine）。从本质上而言，在人与机器、机器与机器的交互中，大部分是为了实现人与人之间的信息交互。

物联网是指通过各种信息传感设备，实时采集任何需要监控、连接、互动的物体或过程等各种需要的信息，与互联网相结合形成的一个巨大网络。其目的是实现物与物、物与人，所有的物品与网络的连接，方便识别、管理和控制。

在物联网应用中有三项关键技术：

第一，传感器技术：这也是计算机应用中的关键技术。大家都知道，到目前为止绝大部分计算机处理的都是数字信号。自从有计算机以来就需要传感器把模拟信号转换成数字信号计算机才能处理。

第二，RFID 标签：也是一种传感器技术，RFID 技术是融合了无线射频技术和嵌入式技术为一体的综合技术，RFID 在自动识别、物品物流管理方面有着广阔的应用前景。

第三，嵌入式系统技术：是综合了计算机软硬件、传感器技术、集成电路技术、电子应用技术为一体的复杂技术。经过几十年的演变，以嵌入式系统为特征的智能终端产品随处可见，小到人们身边的 MP3，大到航天航空的卫星系统。嵌入式系统正在慢慢改变着人们的生活，推动着工业生产以及国防工业的发展。如果把物联网用人体做一个简单比喻，传感器相当于人的眼睛、鼻子、皮肤等感官，网络就是神经系统用来传递信息，嵌入式系统则是人的大脑，在接收到信息后要进行分类处理。这个例子很形象地描述了传感器、嵌入式系统在物联网中的位置与作用。

一、关键领域

物联网在智能交通中的典型应用按照服务对象的不同，我国智能交通系统市场主要可以分成高速公路智能交通系统、铁路智能交通系统、城市智能交通系统和水上智能交通系统四大类，其中城市智能交通系统又可以分成城市道路智能交通系统和轨道交通智能交通系统。

物联网技术的发展，对推动智能交通的发展有着巨大的帮助，从发展的趋势来看，物联网和智能交通的结合将是必然的选择，物联网、云计算等现代信息技术处理能力将成为未来智能交通发展的核心技术。而根据智能交通不同细分市场自身特点的不同，对物联网的应用也提出了不同程度的要求，需要对各细分市场提供相应的物联网应用。

以高速公路智能交通系统为例，物联网的主要应用将集中在通信系统、监控系统和收费系统三大块，利用 RFID、传感网络以及先进的信息处理技术等物联网技术分别通过提升信息收集、信息传输、信息处理的效率以及利用智能化、自动化的计算机系统来帮助高速公路管理部门、运营商更加高效、便捷地实现对高速公路的智能化监控和管理，帮助高速公路司机和乘客更好地享受在高速公路上的旅行。

通过路网交通信息的全面实时获取，利用无线传输、数据融合、数学建模、人工智能等技术，结合警用 GIS 系统，实现交通堵塞预警、公交优先、公众车辆和特殊车辆的最优路径规划、动态诱导、绿波控制和突发事件交通管制等功能。通过路网流量分析预测和交通状况研判，为路网建设和交通控制策略调整、相关交通规划提供辅助决策和反馈。这种架构下的智能交通体系通过路网断面和纵剖面的交通信息的实时全天候采集和智能分析，结合车载无线定位装置和多种通讯方式，实现了车辆动态诱导、路径规划、信号控制系统的智能绿波控制和区域路网交通管控，为新建路网交通信息采集功能设置和设施配置提供规范和标准，便于整个交通信息系统的集成整合，为大情报平台提供最有效的服务。

二、基于物联网框架的智能交通体系

由浮动车交通信息采集系统、固定式交通信息采集系统、交通信号控制系统、卡口系统、非现场执法系统、车辆和警员定位系统等子系统组成了交通指挥中心信息平台，这个平台与 GIS 数据信息平台的无缝对接，通过智能分析系统对各种交通数据流进行情报化分析处理后，对外提供公共交通信息服务和交通诱导信息服务。交通指挥中心信息平台在动态交通信息诱导系统中起到交通信息汇聚融合、智能处置、情报分析提取和信息分发的作用，为指挥决策和交通信息发布服务，为区县级交通指挥分中心提供数据支持。

（一）智能交通调度

城市交通最重要的部分是市内客运，其关注的中心点自然也是客流量。

从运输企业的管理来说，实时、准确的客流量数据，是企业进行车辆动态调度、线路编排、运营管理、电子站牌提示的重要基础数据之一。

对城市交通规划来说，翔实、精准、时效性高的客流量数据、出行趋势，是城市道路规划、城市功能分区规划、公共交通线路规划等公共决策的重要支撑来源。

按现有的客流量数据，轨道交通有条件获得比较准确的客流量基础数据。公共企业的客流数据，主要还是来源于运输企业对于票款回收后的反向推算，不具备实时性和与地理位置相关的准确性。行业内也都认识到了这个问题，所以在前面提到的所有城市智能交通规划内，都将公交客流统计系统作为一个非常重要的组成部分，写入了智能交通系统的子系统内。

结合车载应用的场景要求，基于智能视频分析的客流统计技术，成为车载客流统计的最佳选择。特别是选择应用嵌入式视频分析客流统计系统，来满足高准确率、高环境适应性、高实时性的要求。有了实时的、准确的客流量统计系统，公交企业管理者和城市决策者都有了良好的数据去支撑其管理行为，避免拍脑袋决策过程的发生。

在长途客运中，车载客流统计还能起到对站外上下客以及票款的监控作用。

（二）规范交通行为

规范的交通行为是有序交通、高效交通的基础。规范交通行为的手段中，除了常见的对于交通卡口的管控外，对于卡口范围之外的交通行为也需要进行高效的管控。

现在城市"公交优先"的理念早已经深入人心，这是对公共资源高效利用的一个良好保障，所以一线城市一般都配备了 BRT 专用车道、公交车专用道等，全时或分时禁止社会车辆驶入。但是如何监控社会车辆占用专用车道行驶的行为呢？有的城市采用封闭 BRT 车道的行驶进行，有的城市依赖于交通卡口的视频监控进行监管和威慑。封闭车道自然会带来大量资金投入，而且不能分时禁行；交通卡口监管范围又非常有限。此时，基于智能视频分析的物联网传感技术，如以动态车牌捕捉为技术基础的公交车专用道移动监控系统就发挥出其智能的优势了。

以沈阳公交为例，其通过在公交车前后方安装摄像头，配备动态车牌捕捉仪自动对视野内的社会车辆进行分析和抓拍，拍得的照片具有 85% 以上的有效性，可直接作为违规行为取证的证据。此时任何公交车、BRT 车辆都成为流动的监管点，对社会车辆占用公交车专用道行为具有极强的威慑作用，真正保障"公交优先"的落实。

（三）保障交通安全

安全是交通管理的最重要的一环。对于智能交通规划和管理来说，交通安全也是在规划中不可缺少的部分。要保障交通安全，需要各种各样的手段进行综合配套管理，包括对酒驾行为的严厉打击、交通设施的完善、交通行为的规范等。

疲劳驾驶，是交通事故、交通意外的最重要的诱因之一，所以对于疲劳驾驶的预防和管理一直都得到了很高的重视。原有的手段一般是从管理制度上去要求，如持续行驶高速四小时需要进入服务站休息、更换司机等。现在随着物联网感知技术的发展，基于智能视频分析的疲劳检测技术也开始进入实用阶段。

基于智能视频分析的疲劳检测技术，通过对人眼、面部细微特征进行分析，并结合车辆行驶速度等要素，对可能处于疲劳状态的驾驶员实现本地的声光提醒，使驾驶员一直处于良好的精神状态，以防止安全事故的发生。

第六节　NTCIP 协议

一、NTCIP 概述

NTCIP（National Transportation Communications for ITS Protocol）是美国针对智能运输系统（ITS）的电子设备间数据传输所制定的标准通信协议，其主要目标是确保交通控制与 ITS 系统组成单元彼此之间的"互操作性"（Interoperability）与"互换性"（Interchangeability）。

交通信号控制系统可以说是 ITS 的先驱，而交通信号控制器，亦即信号机，则是该系统中最主要的设备，NTCIP 的构想就是源自交通信号控制器的应用需求。1992 年美国国家电器制造商协会 NEMA（National Electrical Manufacturers Association）开始讨论与开发共通性的交通信号控制系统通信协议。1995 年 5 月，在美国联邦公路局 FHWA（Federal Highway Administration）主导下，由各界代表组成了 NTCIP 指导小组（NTCIP Steering Group）以加速 ITS 标准化工作。1995 年 12 月，NEMA 完成第一版 NTCIP 通信协议，但仅限于低传输速率的交通信号控制器使用。1996 年 12 月，FHWA 提供 500 万美金的经费开始制定 NTCIP 标准，并选择了交通工程师学会 ITE（Institute of Transportation Engineers）、美国州公路及运输官员协会 AASHTO（American Association of State Highway and Transportation Officials）与 NEMA 代表 FHWA 执行相关工作。ITE、AASHTO 与 NEMA 共同组成的 NTCIP 联合委员会（Joint Committee on the NTCIP）也取代了 NTCIP 指导小组，成为目前美国 NTCIP 推动工作的正式官方组织。

NTCIP 定义了一系列通用的通信协议，以及专用于交通的数据字典和信息集来支持大多数运输管理用途的计算机系统和外场设备。NTCIP 的应用一般分为两大类：中心到外场（Center-to-Field，C2F）及中心到中心（Center-to-Center，C2C）的应用。前者通常包含路侧设施或者是各运营部门所拥有的车辆与管理中心的计算机之间的信息传输。而后者则主要是管理中心的计算机或各个子系统之间的数据传输，这些计算机可处于同一房间内，也可以是位于相邻机构运营的管理中心内或是跨国的管理中心内。

许多 NTCIP 的应用都与实时通信有关，并且涉及连续的、自动化的信息及指令的传送，NTCIP 也提供了使用者与远程机器通信功能。历史资料也可以利用 NTCIP 来传送。当然其他的通信标准，像是 E-mail 及 FTP 等特别为 Internet 所设计的通信标准，也适用此目的。人与人（Human-to-Human）间的通信最好是通过传真机 / 电话及网际网络的通信协议，但在中心到中心（Center-to-Center）的通信协议中，NTCIP 依旧提供基本的功能以进行人与人之间的沟通。

二、NTCIP 的通信模块及分层

起初的 NTCIP 遵照 OSI 参考模型的规范，对于控制中心与现场设备或控制中心之间连接的标准，分别定义 Class B、Class A、Class C 及 ClassE 四种分级配置。新版的 NTCIP 标准已不再使用 Class 来分级，而采用模块及分层方式来传输，类似 ISO 的 OSI 七层。一般而言，两台计算机或其他电子设施间的数据传输和下面这几层有关，为了区别于 ISO 和 Internet 所定义出的 Layer，NTCIP 以 Level 来分层。

第一，Information Level(信息层)。这一层主要提供应用程序处理的数据元素、对象、信息等的传输标准，如 TC1P、TS3.5、MS/ETMCC 等。

第二，Application Level(应用层)。这一层主要提供信息包的结构及会话管理的标准，像是 SNMP、STMP、DATEX、CORBA、FTP 等，属于 OSI 中 Application.Presentation.Session 等 Layer。

第三，Transport Level(传输层)。本层主要提供信息打包、分割、组合及路由等方面的标准，诸如 TCP、UDP、IP 等，属于 OSI 中 NetworkTransport 等 Layer。

第四，Sub-network Level(子网络层)。此层提供实体接口的标准，像是调制解调器、网络卡、CSU/DSU 等以及封包传送，如 HDLC、PMPP、PPP、Ethernet、ATM 等，属于 OSI 中数据链路层（Data-link Layer）。

第五，Plant Level（实体层）。实体层包含了实体的通信传输介质，例如铜导线、同轴电缆、光纤、无线通信等，属于 OSI 中 Physical Layer。

纵观上述的通信分层分级结构，除了 Information Level 具有交通运输产业的独有特性外，其他各层的标准及功能则都与现有计算机工业界标准几乎相同。由于 ITS 涉及在许多不同领域、不同功能的实体之间传送的标准对象、信息等，像是交通、运输、出行者信息、紧急管理，故 Information Level 与现存工业标准之间都有着较大的差异。

对于子网络层及传输层而言，这些部分可使用既有电信及计算机产业中已经发展成熟的标准。除了在应用层，NTCIP 自行制定了 STMP，在子网络层，NTCIP 自行制定了 PMPP 之外，NTCIP 并不打算在这个领域发展新的标准，只是选择 ITS 中要采用那些标准以及这些标准与其他标准间的配合情形。NTCIP 在这几层中特别着重于应用层。虽然这部分已存在某些标准，且这些标准亦能满足部分 NTCIP 的需求，但考虑到 ITS 的特别需要，该层是在现存标准的基础上继续延伸或是发展出全新的通信协议（如 STMP）以符合 ITS 的要求。这些 ITS 的特殊通信需求包括了：

第一，连续的、自动化的、安全且实时的大量数据信息在各单元间的网络传输。

第二，在路侧的嵌入式处理器及车上设备之间传送的连续、大量的实时数据，这部分信息须共享低速的通信信道及要求很低的延滞时间。

由于不同层之间可以采用不同的业界现有通信标准或是专为 ITS 的特别需求而开发出来的全新标准，因此 NTCIP 所提供的一系列通信协议可以满足大多数的 ITS 需求。

三、NTCIP 的架构

在不同层级之间，可以采用不同的标准来传送信息，而且这些标准之间都是可以兼容的。一条信息在 NTCIP 架构中的每层至多使用一个标准来传输。这种利用一连串标准来递送信息称为标准的堆栈 "Stack of Standards"，或是通信协议堆栈 "Protocol Stack"。不同的设备在交换信息时，有可能部分信息用某一组标准来传输，其他信息则用另一组标准来传输。

四、NTCIP 定义的应用层标准

简单网络管理协议（SNMP）。基于 SNMP 的栈提供一个简单但带宽效率较低的 C2F 应用协议，并以相同名称（SNMP）的互联网协议为基础。它仅适用于高带宽的网络，或是低流量的信息。SNMP 已能够在 UDP/IP 上运行，但它也能勉强在 TCP/IP 上运行。

简单运输管理协议（STMP）。STMP 是专门为运输工业的使用而开发的。它是 SNMP 扩展，允许使用动态综合目标来更有效地传送 C2F 信息。基于这个协议的栈适用于低带宽高信息流量的网络，比如交通信号系统，一个中央计算机直接与外场设备相连，不需要通过其他的闭合环路系统中的路面控制设备来发送信息。由于 STMP 支持低带宽链路，因此它可在 T2/NULL 上运行，但是如果有足够的可用带宽，也可在 UDP/IP 或 TCP/IP 上运行。

简单固定信息协议（SFMP）。由于低端外场设备的有效带宽的需求已经凸显了出来，如闭路摄像机控制器。NTCIP 开发了 SFMP 就是为了满足这个需求。由于 SFMP 还不完善，因此它还没有被包括在 NTCIP 框架中。

数据交换协议（DATEX）。DATEX 提供了一个普通用途的 C2C 数据交换协议栈。它使用预定义信息对网络中的互联网协议（TCP/IP 和 UDP/IP）来进行传输。应用层的基本标准是一个 ISO 标准，由 NTCIP 工作组开发，叫作 DATEX-ASN。

通用对象请求代理体系（CORBA）。CORBA 是基于相同名称的计算工业标准的普通用途的 C2C 通信协议。对于目标导向系统，它使更高程度的不由 DATEX 提供的一些设备成为可能，但它可能不适用于接近实时的应用系统和松散连接的系统。如果两个电子设备使用相同的通信协议栈、相同的信息层数据字典和信息设置、执行相同的、由基本的标准及协议定义的预期选项，那么它们将能更好地相互交替通信。

由于 NTCIP 有许多各种各样的需求，因此我们要着眼于 OSI 基本参考模型以帮助定义新标准系列的框架。OSI 模型将通信过程分为七个定义明确的层，每一层都有一个属于自己的单独定义，通常独立于相邻层。

（一）NTCIP 信息层

信息标准定义了数据和信息的意义，并且通常涉及 ITS 信息，这类似于在一种语言内定义一个字典和短语。这些标准在传统的 OSI 七层模型之上，信息层标准描述了将要执行的系统的功能。

（二）NTCIP 应用层

应用标准定义了数据交换信息的规则和程序。这些规则包括适当的文法和独立语句的语法定义，以及已认可的语句的先后顺序。这类似于将单词和短语结合成一个句子，或一个完整的思想，并定义规则使其互相接受和交换信息。这些标准大致与 OSI 模型的会话层、表示层和应用层相当。

（三）NTCIP 传输层

传输标准定义了交换网络上点"A"和点"X"之间的应用数据的规则和程序，包括任何有必要的路径、信息拆分、重组和网络管理功能。这类似于电话公司连接两个远程电话时使用的规则和程序。NTCIP 传输层标准大致与 OSI 的传输层和网络层相当。

（三）NTCIP 子网络层

子网络标准定义了某些通信媒体上两个"相邻"设备间的数据交换的规则和程序。这与电话公司使用的在蜂窝链接上交换数据的规则与通过双绞线交换数据使用的规则相当。这些标准大致可以与 OSI 模型的数据链路层和物理层相当。

第五章　交通信息网络安全管理

第一节　交通行业计算机信息安全管理措施

随着交通行业的科技信息化发展，交通行业各应用系统及计算机遭受的病毒攻击、垃圾邮件泛滥等问题威胁着行业信息安全。由于缺乏安全意识，出现了数据丢失、信息被盗等安全问题，给整个行业造成重大损失。保证行业内计算机及网络信息系统的安全运行，不受病毒、黑客的侵扰极为重要。

一、交通行业计算机信息安全存在的问题

现阶段，交通行业内的计算机用户群体复杂，存在的信息安全问题也很复杂。主要存在以下几个方面的问题。

（一）计算机软硬件核心技术大多依赖进口

目前，中国的软硬件核心技术欠缺，例如美国的 CPU 芯片、美国微软公司的 WINDOWS 操作系统、美国微软公司的日常办公通用软件 OFFICE、各大数据库等软硬件大多依赖国外进口。国外的系统固然会不定期更新，但肯定会存在大量的安全漏洞，留下隐藏性病毒、后门等隐患。这些漏洞使得计算机的安全性能大大降低，同时使网络处于极脆弱的状态。

（二）缺乏安全有效的防护措施

很多计算机用户不设置系统登录密码，即便设置了密码但是密码策略低，有的甚至设置成电话号码、连续数字等。用户虽然安装了杀毒软件，但缺乏安全意识，有的

用户的杀毒软件根本没有升级病毒库，相当于是在裸机的状态下使用，一旦感染病毒，再加上黑客攻击，很可能直接造成网络瘫痪，从而导致存储在计算机中的大量敏感文件和工作文件信息被窃取，极易造成泄密事件。

（三）重要数据缺少备份

行业用户的操作水平不高或者操作习惯不好，会导致经常误删一些重要文件。此外，各种自然灾害、病毒、黑客攻击、计算机硬件设备损坏等都会导致文件及数据遭遇毁灭性的损坏。如果用户未对重要数据进行备份，一旦文件遭到破坏将很难恢复，对个人甚至国家都会造成严重后果，所以数据备份不容忽视。

（四）电子邮箱密码设置过于简单

某些单位的电子邮箱没有相关管理制度，网络管理者在分配邮箱的时候一般会设置一个较简单的默认密码，用户在使用过程中很少有修改密码的习惯。完全把邮箱变成一个网络存储空间使用，往来邮件长时间不清理。一旦电子邮箱被黑客攻破，后果不堪设想。

（五）计算机网络信息安全缺乏严格的管理制度

行业内大部分单位虽然有信息安全管理制度，也明确了岗位职责及规范，但在实际工作中却并未严格按照规范执行，有很多制度一成不变，已经跟不上时代的发展，与现阶段国家的相关规定也存在很大差距，导致极大的信息安全隐患。此外，对于特定的账户密码和管理员权限没有监管，缺乏安全保障制度和预防措施。

（六）对于计算机信息安全事故缺乏有效的应对措施

防患于未然极其重要。一些行业内单位对于信息安全缺少防范措施，一旦出现重大网络安全故障，缺乏快速补救的措施和应急方案，不能及时排除安全故障和隐患，势必会给单位和个人造成重大损失。

（七）计算机信息使用和管理人员安全意识淡薄

有的计算机信息使用和管理人员在日常生活和工作中缺乏安全保密意识，不能严格执行交通运输部"涉密计算机不上网，上网计算机不涉密"的保密要求，往往把U盘混用，接收资料也不杀毒处理，操作系统、杀毒软件不及时升级，这些行为都会导致计算机感染病毒。外出时，个人手机和笔记本电脑经常会连接到各种无线网络中，这对行业信息安全都有极大的风险。

二、交通行业计算机信息安全管理对策

（一）推广国内自主研发的核心设备和技术的应用

按照国家相关要求和规范进行网络信息安全和计算机信息化设备的采购和配置。涉及重要的信息，尽量使用国内自主研发的经过国家保密局、国家安全部、公安部评测通过的计算机网络安全设备。

（二）对内部涉密网络及系统进行分级保护

对行业内的涉密计算机信息网络，一定要按照国家有关要求和交通运输部的要求，进行分级保护管理。对单位内涉密网络中的所有网络终端进行系统加固，安装安全登录、主机审计、身份认证、主机监控、黑白名单、违规外联、补丁分发、文件分发系统。对涉密网络内的终端计算机实行关闭刻录、USB使用功能，禁止使用无线及蓝牙等外设设备，采用涉密红黑电源插座。涉密计算机只可进数据，严禁出数据。出数据必须要逐级审批，方可开通权限进行刻录和打印。对涉密网络线路加装涉密线路保护仪，涉密网络设备和系统要放置在涉密屏蔽机房和屏蔽机柜内。

（三）对内部非涉密的网络和政务外网进行等级保护

按照国家有关要求和标准规范，进行等级保护测评。全面安装计算机安全登录终端、主机审计和监控系统。对等级级别高的网络和系统要间隔不长时间再次测评。《中华人民共和国网络安全法》现已实施，为了避免在国家重大活动信息安全保障中出现信息安全责任事故，尽量使用软硬件设备关闭单位大楼内的无线信号。

（四）安装防病毒软件、防火墙、入侵检测系统

对行业内的网络计算机，要逐台安装防病毒软件和木马查杀软件，要求对病毒进行定时或实时的扫描及漏洞检测。对文件、邮件、内存、网页进行全面实时监控，一旦发现异常情况，及时定位处理。要使用补丁分发系统及时针对系统和常用软件漏洞进行分发安装。网络层一定要软硬结合，使用防火墙和入侵检测系统，对安全策略及过滤规则按照最高等级设置，以防御外部恶意攻击。对网络中的 IP 地址加装 ACK 地址管理系统。为了安全起见，全部设置静态 IP 地址，然后与 MAC 地址绑定，这样可以有效预防 IP 地址欺骗。同时利用上网行为管理系统，屏蔽非法访问的不良行为，禁止把内部敏感信息和数据传播至公共网络。使用网络监控和预警平台对网络进行监测，及时有效地保护网络安全。

（五）完善行业计算机网络安全管理体系

为了加强网络安全管理，将信息安全管理工作落到实处，必须对网络中的每个管理环节进行监管，实现网络信息安全的最终目标。为了提前发现网络风险，将风险降至最小，避免黑客利用漏洞破坏网络信息安全，必须从顶层设计入手，针对网络信息安全制定全面的管理体系和网络信息风险评估体系，这对建设安全的网络环境十分重要，可以对网络信息起到监管作用，更加有利于网络信息安全管理。

（六）提高思想认识，加强制度落实

信息安全管理工作的首要基础是通过加强思想教育、制度学习和落实，提高全员的网络安全意识。认真学习各类信息安全法规和保密教材，尤其是要深入学习《中华人民共和国网络安全法》，强化安全保密观念，提高安全保密意识和素质，增强网络安全保密知识，改善网络安全保密环境。

（七）制定严格的信息安全管理制度

为了维护行业信息安全，每个行业单位应结合实际情况，完善内部网络信息安全管理制度，确保信息处理、存储、传播的安全。对于涉密的计算机应安排专人负责。

涉密文件应单独保存在涉密介质中。对于机房、计算机软硬件、信息系统建设与运维、邮件服务器系统，也应制定不同的安全策略和管理制度，并在实际工作中严格执行落实。

（八）制定网络安全应急管理措施

为了能够及时快速地处置网络安全事故，行业各单位需结合实际情况，制定本单位网络安全应急管理措施，明确岗位职责和处置权限，并定期开展安全应急预演，提高技术人员的应急处理能力。网络安全事故突发应急处置过程中，一旦发现问题要及时上报，规定报送流程、时间要求等，采取措施降低损害。每次的处理都要记录并保存，以便追溯。按照应急处置程序，一旦发生信息安全事件，要立即向有关部门报告。

（九）重视网络信息安全人才的培养

各单位应重视网络信息安全人才的培养，建立一支信息安全管理技术过硬的团队。每年制订不同的年度培训计划，通过每季度不少于一次的专业培训来提高网络信息安全人才的专业技术能力。

总之，交通运输行业对计算机及各种网络的依赖性越来越强，遭受各种病毒侵扰、黑客攻击也是不可避免的。交通行业计算机及网络信息安全问题，必须引起各单位高度重视。人人都应从自我做起，提高个人的信息安全意识，养成良好的计算机使用习惯。只有完善制度、严格落实执行、提高监管力度，才能从根本上解决网络信息安全问题，建立稳定、和谐、安全的网络信息环境。

第二节　交通信息化中的网络安全问题与对策

随着中国城镇化和现代化进程的加快，连接城镇的交通基础设施更加完善，人们出行更加方便，但同时带来了新的问题和新的挑战。当前城市交通问题主要是由交通时空需求分布过度集中所致。为了提高交通的时空利用率，信息技术、网络技术、物联网技术相继被用来改善交通状况。交通信息化已经拓展到交通管理的方方面面，涵盖了道路交通管理（通信系统、监控系统、ETC 收费系统等）、公共交通管理与服务、智能停车管理与服务、交通综合信息平台、居民出行和物流信息服务、交通运行分析与决策等内容，每一项都事关社会的正常运转和民生的稳定。

一、交通信息网络面临的网络安全威胁

交通信息化体系架构一般包括：终端感知层、通信网络层、图像存储层、数据资源层、应用支撑层、应用系统层、信息发布层等几部分，涉及数据采集、传送、存储、计算、利用等几个过程。其中，计算机网络技术起着连通各系统的枢纽作用，处于交通信息网络的核心位置。因为所有信息化设备无一不是通过计算机网络连接在一起的，这就使得计算机网络的安全问题，成为交通信息化的重中之重，它决定了交通信息网络是否能够正常、可靠、高效地运转。

由于计算机技术的大量普及，各种黑客技术也得到了迅速扩散，各种针对计算机网络系统的攻击技术门槛已大大降低。往往没有对计算机安全专业知识和技能进行过系统学习的攻击者，也能凭借掌握几款现成攻击工具即可发起针对目标网络系统的致命攻击，对系统造成严重破坏，或摧毁系统，或干扰系统。据有关报道，2016 年相继发生重大网络安全事件，例如以色列电力系统被攻击后致部分瘫痪，孟加拉国央行系统被攻击后失窃 8100 万美元，针对嵌入式系统的"食尸鬼"攻击活动，攻击了多个国家的重要部门和企业目标。针对计算机系统的犯罪次数大大增多，同样也威胁着交通信息网络的安全。

交通信息网络所面临的网络安全威胁，既有来自计算机网络的传统网络安全问题，也有来自互联网的工业控制系统安全问题。

（一）来自计算机网络的传统网络安全问题

1. 计算机病毒及恶意软件

计算机病毒可以使网络或操作系统速度变慢、破坏数据，与木马技术结合的病毒

还可以盗取账号。其具有的传播性，可以使这些破坏性活动在更广大的范围进行扩散。计算机病毒的传播途径呈现出多样化，不仅可以通过网络、U 盘、光盘进行传播，最新的病毒甚至可以通过电磁波进行非接触式传播，其发展趋势呈现出隐藏技术越来越强、攻击手段越来越多样化、传播速度越来越快、越来越不受平台限制、攻击目的越来越明确化的特点。计算机病毒的这些新特点，不仅可以使它破坏、控制交通信息网络中的中央计算机系统，而且还可以攻击交通信息网络中进行数据采集的车载移动终端及具有网络功能的摄像头。恶意软件和病毒之间的界限越来越不明显，它同样可以对计算机网络系统造成病毒一样的破坏。

2. 拒绝服务攻击

拒绝服务攻击是破坏者常用的攻击方式，黑客利用相应的攻击工具发起攻击后可以大量、快速消耗网络服务器的资源（CPU、内存、硬盘）和网络带宽，使服务端暂停正常服务甚至死机。虽然不会对交通数据造成直接破坏，但是可以干扰正常的交通管理和服务流程，造成现实中的交通秩序混乱。

3. 网络监听

网络监听是一种能够监视网络状态信息（网络带宽、数据流、网络活动状况等）的管理工具，它可以截获网上传输的信息。网络监听对交通信息网络的威胁主要是造成关键数据、隐私数据的泄漏，为进一步发动危害更大的攻击收集数据、准备条件。

4. 后门、隐蔽通道和木马

后门和隐蔽通道，本来是产品开发方为管理、维护、调试方便预留的端口，因为控制权限很大，一旦被不法分子发现、利用，可以方便、全权接管系统控制权，对交通信息网络造成全方位的危害，比如可以修改系统配置、窃取数据、破坏系统、传播病毒、发布虚假指令、信息，给现实中的交通网造成严重扰乱。木马是黑客使用的一种隐蔽远程控制工具，交通网络一旦被木马侵入，其危害系统的方式和后门一样，系统控制权被木马接管，木马控制者可以对所控制系统做任何操作。

5.ARP 欺骗

ARP 欺骗有两种方式：一种是欺骗路由器 ARP 表；一种是欺骗内网 PC 端的网关。ARP 欺骗攻击可以造成交通信息网络大面积掉线、网速时快时慢。在内网，攻击者还可以利用 ARP 欺骗作为一种辅助手段，盗取网络登录账号、传播计算机病毒和木马、发送大量 ARP 欺骗数据包阻塞网络通道。

6.漏洞利用、SQL 注入

现在软件的复杂程度早已超出了技术人员的控制范围，任何计算机系统都不可避免存在代码漏洞，有些代码漏洞被黑客利用后可以直接获取系统最高控制权。任何信息管理系统的后台都有数据库系统的支撑，SQL 数据库是一种普及程度较高的数据库技术。在访问数据库时，如果应用程序可以通过输入的内容运行动态 SQL 语句，攻击人员便可以对数据库发动 SQL 注入攻击。此时由于黑客链接数据库的应用程序使用了较高权限的账户，一般会造成交通信息网络中系统管理员账号被篡改、数据资料被盗取、植入恶意链接、硬盘数据被破坏、系统被控制等严重后果。

（二）来自互联网的工业控制系统类安全问题

1. 无线 WIFI 安全问题

现在的交通信息网络中，安装有大量的终端数据采集设备，比如带有 WIFI 功能的摄像头，无线 WIFI 网络的安全问题自然被引入到交通信息网络中。无线 WIFI 的信号暴露在开放性空间，给不法分子提供了可乘之机。如果此时恰逢无线信号和账号的加密方式不恰当造成加密强度不足，破解难度将会大大降低。黑客破解账号后，便可轻易控制摄像头，对交通监控、取证造成干扰和破坏。

2. 嵌入式系统恶意程序或病毒

在交通信息网络中，控制交通路况的信号灯都属于嵌入式系统，目前倡导的互联网＋信号灯，更是将信号灯连入了整个交通信息网络，此种技术无疑为实时评估、优化交通路况带来了新的思路，同时也带来了新的安全问题。交通信号灯网络一旦被嵌入恶意程序或病毒攻击，就会造成整个信号灯网络的混乱，那将直接造成严重交通事故，危及人身生命安全。

二、交通信息网络的安全防范对策

交通信息网络的安全防范是一项复杂的系统工程，是技术、管理和人员素质的综合体现，而人员素质可以通过组织管理手段得到提高，所以，交通信息网络的安全防范对策包括技术和管理两方面的内容。

（一）技术对策

1. 对于计算机病毒、恶意软件及木马的防范

一般是在内网配备杀毒等安全类软件，并及时升级；积极关注计算机系统安全的相关信息，及时更新操作系统补丁；定期执行操作系统病毒查杀和重要数据备份；对外来文件和存储介质应严格按照先杀毒后使用的顺序进行使用；一旦遭到大规模病毒攻击，应首先立刻采取系统隔离措施，然后再进行病毒清除；使用外网信息资源时，要做到：不点击不明网站链接、不使用盗版光盘，不下载、不使用、不运行不明文件。

对于拒绝服务攻击的防范，主要是及时发现、分析异常情况或使用 DDOS 检测工具进行检测。其策略包括：尽早发现系统存在的漏洞，及时更新系统补丁；经常检查系统的设置参数，禁止不必要的网络服务；利用硬件防火墙进行网络边界加固；由网络服务提供商帮助实现路由的访问控制和总带宽的限制；当发现正在遭到 DDOS 攻击时，应尽快追踪攻击包来源，并及时联系 ISP 和有关信息安全应急组织，限定攻击节点的带宽和流量。

2. 对于后门、隐蔽通道、网络监听、ARP 欺骗的防范

主要包括以下策略：关注最新安全动态，及时打上系统补丁；经常利用安全扫描工具检测系统是否存在后门和处于被监听状态，发现后门后应及时关闭相关端口，暂停相应服务，对于发现的网络监听点，应及时清除，并立刻更换重要账号的账户信息及密码；对于 ARP 攻击的防范，一般是在路由器端或核心交换机端采取将计算机终端 IP 地址和 MAC 地址进行绑定，同时在计算机端也绑定 ARP 表项，并且在路由器或核

心交换机不启用 DHCP 服务，另外，当发现强烈的 ARP 攻击时，应及时追踪 ARP 攻击源，切断攻击源的网络连接或强行终止攻击程序。

3. 对于 SQL 注入和漏洞利用的防范

主要措施是利用安全扫描软件及时发现 SQL 注入点或系统漏洞，及时打上系统补丁，及时修改数据库访问方式，例如限制用户输入单引号和 "--" 或在 SQL 拼接时对单引号和 "--" 进行转义，最好不使用 SQL 拼接，改用参数化 SQL。

4. 对于无线网络及数据采集终端设备的安全防范

包括以下策略：由于 WEP 协议可以被黑客轻松突破，进而用于破解账号信息，所以应该在无线终端设备上启用更高级的 WPA2-PSK 加密协议，以提升破解难度；同时还要采取以下一系列措施：禁止非授权的用户连接 WIFI 监控设备、禁用 DHCP 主机配置协议、禁止使用或修改 SNMP 的默认设置、使用访问控制列表、改变 SSID 号并禁止 SSID 广播、修改无线网络管理账号及密码、将 IP 地址和 MAC 地址绑定、修改接入点设备的接入 IP 地址以及保护网络设备的物理安全。

5. 对工控网络嵌入式系统设备的安全防范

交通信息网络中的嵌入式系统一般并不暴露在互联网上，攻击者往往采取内外结合的手段。主要策略是加固嵌入式系统设备的自身安全，可以采用专用检测工具，针对交通信息网络的特点进行持续检测与防护，及时升级或更换存在漏洞的设备。另外，在各终端设备采用无线网络安全措施，嵌入式设备的安全问题是一个尚待进行深入研究的新领域，需要引起各方的足够重视。

（二）管理对策

安全防范的技术再先进，如果在管理制度与管理人员环节出了问题，所有技术措施将形同虚设。严格的安全管理制度、明确的部门安全职责及合理的人员安排都将提升交通信息网络的整体安全性。具体的安全管理措施包括设立首席安全官领导岗位，成立网络安全部门，成立网络安全应急小组，明确其中各成员的职责，将具体的责任落实到每一个人，以便发生安全事件时能够统一协调、快速响应；明确每位网络安全技术人员的设备管理范围；对每一台重要设备的参数修改或配置都应至少两人同时在场，以保证设置、维护的正确性，同时起到相互监督，防范内部攻击的情况；对网络管理人员执行定期培训或安排进修，提高管理人员网络安全技术水平，掌握最新网络安全动态，以提高处置安全问题的能力，同时防范最新的攻击；实行职责分离的保密制度，严防人为泄密。严格的管理制度是交通信息网络的重要安全保障，一般应包括以下内容：机房安全管理制度、设备管理制度、系统运行管理制度、软件管理制度、数据管理制度、账号管理制度、病毒防范制度、人员管理制度、工作记录制度、风险分析制度、数据备份制度、审计制度、巡查制度、灾害恢复计划制度、安全培训制度、合作制度及监督制度等。每一项管理制度都要内容严格、明确且具有可操作性，坚决、认真执行，才能起到应有的作用，为交通信息网络的安全保驾护航。

防范交通信息网络被黑客攻击，在主观上要提高重视，客观上积极采取相应措施，制定完善可行的管理规章制度，普及网络空间安全教育，使每一位管理人员掌握必备的网络安全知识和相关网络安全策略。在管理上应当明确管理对象，设置强有力的网络安全保障体系，按照信息系统等级保护条例对网络设施进行保护与监督。在技术上要严格制定针对性强的攻防策略，采用准确的方法和恰当的技术手段，并注重研发、采用新的安全产品，同时还必须做到未雨绸缪、预防为主，重要数据实时备份，系统巡查、审查纳入日常技术工作内容。一个安全、可靠、高效的交通信息网络需要集各方努力、统筹规划、分步实施、技术与管理相结合的指导思想。

第三节　新时期公安交通管理部门信息网络安全综合防控体系建设研究

近年来，随着物联网、大数据、云计算、5G 等新技术日趋成熟，政府机关和企事业单位逐渐探索运用新技术新手段建设各类互联网应用系统，不断提升服务群众水平。与此同时，信息网络安全问题也随之产生，系统瘫痪、数据泄露等安全事件时有发生。我国非常重视网络信息安全，先后出台了《网络安全法》《数据安全法》《信息安全等级保护管理办法》《信息安全技术网络数据处理安全要求》等一系列法律法规和制度标准，公安部近年来也多次作出部署，推动全国各级公安机关贯彻落实国家网络安全等级保护制度和关键信息基础设施安全保护制度要求。其中，公安交通管理部门作为与百姓生活最密切的公安部门之一，建设应用的信息系统和采集的数据大多涉及民生、公共利益和个人隐私信息，因此更要深刻认识做好网络安全、数据安全工作的重要性，严格按照政策要求构建安全、可靠、稳定的网络安全综合防控体系。

一、目前网络安全形势及问题

放眼全球，网络安全形势严峻。2021 年 3 月，美国最大的保险公司之一 CNA 金融遭遇了勒索软件攻击，该公司支付了大额赎金以恢复文件访问权限；2022 年 3 月，以色列政府网站遭到大规模 DDOS 后被迫关闭，以色列卫生部、内政部和司法部在内的多个部门都受到了网络攻击的影响，连总理办公室的网站也被迫暂时下线；8 月，阿根廷科尔多瓦司法机构因勒索软件攻击而被迫关闭 IT 系统和门户网站，只能依靠传统纸面形式提交官方文件。我国也同样面临着巨大网络安全风险，2022 年 9 月，国家计算机病毒应急处理中心发布了关于西北工业大学遭受美国国家安全局网络攻击的调查报告，显示美国国家安全局下属的特定入侵行动办公室针对中国的网络目标实施了上万次的恶意网络攻击。

信息网络安全的复杂严峻形势对公安交通管理部门的信息化工作提出了新要求、新挑战。近年来，全国交管部门深入贯彻科技兴警和大数据战略部署，逐步建设了全覆盖全联网的全国道路监控系统及交管业务办理和服务系统，汇聚了交通管理相关的机动车、驾驶证、交通违法、交通事故、车辆轨迹等数据资源，这些信息化建设应用规模大、范围广，数字智能化应用成效明显，但也因这些全方位多维度海量数据的融合而要承担信息安全的重大责任，必须保障信息系统和数据的安全性、稳定性，但目前各地交管部门信息网络安全方面在组织机制、安全意识、技术支撑等方面还存在一些问题，具体表现在：

一是组织机制不健全。部分单位没有成立信息网络安全工作领导小组，内部的信息化规章制度制定不完善，基本的网络管理、系统管理、安全审计等专职人员配备不齐全，有的单位甚至没有专门的安全运维团队。另外，部分单位与科信、网安、保密、财政等部门的协作机制不健全，没有充分借助专业力量加强交管数据安全建设和防护工作。

二是安全意识不到位。部分单位"重业务发展轻安全防护""重系统建设轻运维管理"等情况较为突出，对当前网络安全形势认识不足，对于全体干部职工日常办公、为群众办理业务涉及的网络数据安全意识、保密意识的培训和管理有待加强。

三是技术支撑不完善。部分单位没有及时按照《信息安全等级保护管理办法》对信息系统进行等级保护评定，导致基础网络环境建设和系统安全建设方面存在很多薄弱环节，特别是交管部门业务系统涉及互联网、专网等多类网络，不同网络的安全管理、网络间的边界管理和数据存储传输管理存在很大风险隐患。比如，很多互联网应用系统没有经过专业的安全检测和等级评定就直接上线，将安全风险暴露在公网上。

四是应急处置不及时。部分单位没有实时对网络环境和信息系统监测预警和审计，没有定期进行漏洞扫描、安全检测，对突发安全事件应急处置能力较弱，一旦发生安全事件，无法第一时间减少损失、恢复系统正常运行。

二、建设网络安全综合防控体系

随着机动车和驾驶人数量不断增多，为了满足人民群众日益复杂的出行需求，公安交管部门在充分利用信息化手段为保障便利安全畅通的交通环境的同时，也必须做好网络安全防护。交管部门的网络安全工作应充分考虑当前及未来不断发展的业务应用和管理需求，以"安全、高效、稳定"为原则，构建网络安全综合防控体系。如图5-1所示，网络安全综合防控体系可通过"三大体系十二大能力"实现。

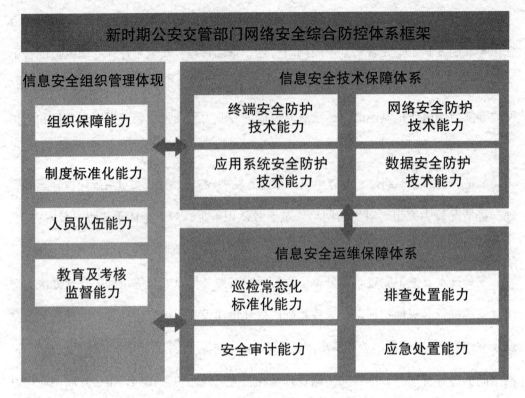

图 5-1　新时期公安交管部门网络安全综合防控体系框架图

（一）信息安全组织管理体系建设

1.信息安全组织保障能力建设

单位层面应成立信息安全领导小组，按照有关要求压实信息安全责任，做到"两个明确"。明确单位信息安全"五方责任"，即主要领导第一责任、分管领导具体责任、项目归属部门主体责任、信息安全管理部门监管责任、各部门负责人直接责任；明确"谁建设谁负责、谁应用谁负责""业务工作开展到哪里、安全保密工作就延伸到哪里，信息系统建设到哪里、信息安全就保护到哪里"的工作原则。同时，还应建立定期汇报、通报工作机制，信息安全管理部门应定期向单位党委汇报网络安全和建设工作情况，及时向单位全员通报信息安全新政策新要求、单位安全运维工作及隐患整改情况，不断提高全员信息安全责任意识。

2.信息安全制度标准化能力建设

建设"1+N"的信息安全管理制度体系，即 1 个总纲，制定单位《信息网络安全管理规定》；N个配套管理办法，围绕数据安全、网络安全、系统安全、信息化合作单位和人员安全等方面，配套制、修定《软件开发管理办法》《信息化合作单位和人员安全管理办法》《信息系统数据安全管理办法》《网络安全事件应急响应管理办法》《计算机终端设备安全管理办法》等，进一步明确信息安全工作原则和各方职责、规范工作标准和程序流程。

3. 信息安全队伍能力建设

根据国家信息安全等级保护规定中组织管理有关要求，明确单位安全运维团队规模及岗位，对安全运维人员定岗定责。岗位应包含安全运维管理岗、信息安全研究岗、安全防护岗、安全审计岗、系统运维岗、网络运维岗、数据运维岗等。同时，借助第三方专业安全公司力量，建立信息安全合作长效机制。通过签订合作协议、采购安全服务、安全防护设备等方式，由国内信息安全专业团队对单位信息网络开展检测、预测预警、风险评估、攻防演练、应急响应等工作，并提供技术咨询和定期培训。

4. 安全教育及考核监督能力建设

建立信息安全教育培训常态化机制。根据不同人员岗位工作特点，组织设计有针对性安全教育和培训课程体系，重点培训新入职人员、业务系统项目人员、实习生、合作单位人员等易出现安全问题人群，培训内容包括信息安全管理制度和技术规范、基础办公环境网络安全、信息系统建设及信息化合作管理制度和工作规范、信息网络安全专业技能等。同时，应建立信息安全相关的奖惩机制，加强信息安全考核，对造成被上级通报或导致信息泄露等恶劣影响的，按有关规定对责任部门负责人和直接责任人从严处分。

（二）信息安全技术保障体系建设

1. 终端安全防护技术能力建设

为避免终端配置不统一、安装软件不规范、安全防护能力差等问题，对办公终端进行统一安全防护策略配置，包括杀毒软件、日常办公软件、病毒库、强口令登录等；对服务器进行统一基线模板配置，包括系统配置、安全策略、访问控制等，实现终端使用安全、高效、规范。为避免开发人员开发环境不标准，源代码和数据的存储、使用、外发监管不严等问题，调研云桌面等技术，通过终端准入控制，进一步规范开发人员终端使用，禁止随意外传数据或安装程序，确保使用终端的人可信任、终端的计算环境安全可控。

2. 网络安全防护技术能力建设

为避免机房网络分区单一，遭受攻击容易造成内网病毒扩散的问题，依据网络现状、业务系统的功能和特性、业务系统面临的威胁、业务系统的价值及相关安全防护要求等因素，对网络进行安全域划分，包括网络接入区、核心交换区、业务服务区、安全运维管理区等四大区，实现按需防护、多层防护。为防止安全设备发生故障可能导致系统无法运行等问题，建设通信线路、防火墙等关键网络设备和关键计算机设备的双链路，实现主备机部署，确保网络发生故障时系统仍可正常运行。在网络边界处应部署 VPN 等网络控制设备，对外部网络访问进行审计和监管、建立机房之间的安全通道通信连接，并根据系统应用需求最小化原则设置访问控制策略，提升网络通信安全性。

3. 应用系统安全防护技术能力建设

建立信息系统定级备案和测评机制，制定应用系统安全建设标准，按照《信息安全等级保护管理办法》及时组织信息系统定级备案工作。制定应用系统开发安全标准和要求，包括用户身份认证、权限控制、数据安全、日志审计等，同时加强系统安全性验收，从技术层面规范信息系统开发管理和安全管理。建立应用系统上线前安全检测机制，通过技术手段开展完备的安全检查评测工作，分析并验证信息系统存在的安全隐患，系统根据检查结果进行安全加固后方可上线，从源头降低信息系统安全风险的发生概率。

4. 数据安全防护技术能力建设

采用国密技术，即对系统管理数据、鉴别信息及重要业务数据使用经国家密码主管部门认可的密码技术，保证系统数据的存储私密性和安全性。使用信息系统数据监测系统，对信息系统开展实时安全监测，在对现有信息系统无侵入的情况下，识别业务流量中存在的敏感信息，识别信息系统接口数据，及时发现业务数据流动风险，快速对数据泄露事件进行溯源分析，宏观掌控信息系统数据流动态势。建立核心信息系统数据自动化备份机制，利用通信网络将关键数据定时批量传送至备用场地，实现异地实时数据备份，并定期对备份文件进行恢复测试，确保备份文件有效。

（三）信息安全运维保障体系建设

1. 安全运维巡检常态化、标准化能力建设

建立"终端—网络—应用系统"安全防护、日常巡检、隐患漏洞通报、应急处置全流程管理机制。编制《信息网络安全运维手册》，对安全运维全流程事项和行为进行规范管理，明确每个安全运维事项实施的时间、频次、标准和要求，并明确重要事项的请示报告流程和批准权限；编制《信息化工作操作手册》，为业务部门提供应用系统建设及运维、与第三方开展信息化合作、基础信息化资源申请等信息化相关工作的规范化流程、工作要求和注意事项，做到安全运维工作标准化、规范化。建立网络安全运维专业化工具库，调研行业内设备管理、流量监测、病毒查杀、故障分析及修复等网络运维相关的工具，提升运维工作效率和能力。建立安全运维巡检轮班机制，根据不同运维工作紧急和重要程度，明确每日、每周、每月巡检内容和责任人，每日更新巡检台账和日报，对发现的问题按规定进行整改，保障信息化基础运行环境正常运转。

2. 排查处置能力建设

建立信息网络安全隐患漏洞整改机制，及时发现并分析问题隐患，定期开展历史问题隐患分析，举一反三，做到发现一个问题，解决一批隐患，不断提升问题隐患发现和分析排查的能力。建立网络安全攻防演练机制，定期使用渗透测试等模拟攻击手段，主动查找隐形安全漏洞和网络风险，做到"攻守结合""自查他查结合"，不留隐患漏洞死角。

3. 安全审计能力建设

充分利用上网行为审计、日志审计、数据库审计等系统，对办公网络和业务系统

进行数据访问、操作的监管及审计。对于办公网络，对员工使用的网络流量、上网行为进行深入分析与全面的审计，保障网络关键应用和服务的带宽，维护健康安全办公网络环境；对于业务系统，对开发运维人员的访问和操作行为进行行为分析、记录监测，做好事前规划预防，事中实时监测、违规行为响应，事后追踪溯源，为安全合规开展信息化建设做好底线防守。

4.应急处置能力建设

建立信息网络安全应急响应机制，明确根据信息网络安全事件严重等级、恢复的紧急程度等设计不同的应急处置流程和机制，以保证业务系统能够在受到攻击的情况下迅速处置，并按照规范流程迅速恢复。同时，定期进行安全处置应急演练，结合单位实际物理和网络条件，设置针对不同场景、不同时段、不同等级的演练方案，特别是重大节假日时重要信息系统的应急处置，不断加强安全运维人员的应急安全意识和应急处置熟练程度。

第六章 交通信息与网络安全

第一节 网络信息安全策略在交通运输中的应用

随着交通运输行业的不断发展，新形势下的交通行业也应用了许多新一代信息技术。但是也正因为信息技术被应用到交通运输行业当中，随之而来的便是交通运输网络安全问题。在互联网＋的时代，网络安全问题可谓是无孔不入，存在着许多安全隐患，交通系统的核心数据被泄露，或者核心的系统被破坏，都会对交通网络的正常运转带来极大的负面影响，会影响到人们的正常生活，甚至可能会危害国家的安全。

一、交通运输网络安全面临的问题

（一）交通外部设备已然成为网络安全的保障盲点

在交通运输领域，应用互联网技术的设备也可能会在运行的过程之中遭受到来自外部的攻击。新一代交通运输网络里，不仅包括传统的网络部分，还有着许多外部监控设备、网络搭建工具以及可移动的终端设备等等。在感知层、网络层、应用层都可能会受到黑客的非法攻击或信号干扰等等。除此之外，关联的网络信息系统的主机以及各种网络设备也可能会遭受到物理攻击，很难进行统一的安全管理。存在较强的不确定性。许多网络设备分布得较广，而且数量较多，除此之外，在各个跨区之间采用的是不同的接口进行衔接，很有可能无法进行统一的协议管理，无法方便地对所收获的信号信息进行可视化的规范管理。

（二）交通运输网络对于未知的威胁感知技术仍不完善

在整个互联网加交通的交通运输网络当中，所具备的互联网基础设备还是比较多样的，例如气象设备、监控设备等等。但是这些设备的抵御外部攻击的能力还是不足的，只能够解决大部分已有的通病，而对于新型的病毒或者新型的位置攻击，就不具备较强的感知与处理能力了。由于边界性、反应性较低，如果出现网络边界模糊化之后的高级攻击，则可能会瞬间崩盘。新形势下的传统安全防护，很难发挥出面对新攻击的预计功效，因此需要采取更多全新的有效防护措施。

（三）交通运输网络应用的技术自身就存在风险

交通运输网络整体系统结构，在自身所应用的技术方面存在着一定的不足，很有可能会面临着来自使用的新型技术本身的风险。内部使用的互联网技术系统在搭建以及运行的过程之中，存在着各种各样的风险，例如数据泄露的风险，如果没做好交通运输网络系统的安全运维的工作，很有可能会出现数据被截取、篡改或盗用等情况，会扰乱系统的执行。在硬件方面也有可能会受到外部的攻击，导致网络中断、线路受损等等，这为整体的运维工作带来了极大的压力。互联网技术本身就有着较强的风险，例如近年来经常会出现的黑客攻击手段，就包括可编程的控制器、代码、注入软件、病毒等等，这些攻击都可能会同时存在于交通运输行业的网络系统之中。

（四）交通运输网络应急防范和挖掘数据的技术能力不足

交通运输网络在复杂多变的网络环境中，会面临着许多全新的挑战以及不同程度的威胁。现在的网络变化非常快，各种潜在的风险也层出不穷，而大多数的交通运输网络的基础，信息系统基础较为薄弱，应急响应的功能不完善，交通运输网络对于安全事件的应急响应技术水平有待提高。除此之外，面对着每天的海量信息数据，想要挖掘出有用的数据，并及时地过滤出有害的病毒，及时的数据处理就显得尤为重要，尤其是面对日益复杂的攻击形式，如果只采用单一的防护或者单一的治理方式，就无法进行更加有效的对抗。因此我们应当采用大数据信息检测的方式，检测异常行为，分析出可疑的信息数据，追寻其问题所在，防患于未然。

二、网络信息安全的应对措施

有效加强网络安全态势感知与监测预警技术。在交通运输的信息网络当中，应当注意提升整体的感知与监测预警技术。根据日常监测所发现的交通运输网络的安全漏洞库，对可能会受到的潜在威胁进行系统的分析，并且实时地进行系统漏洞整改，主动地实现危险的预知与管控。对区域内交通运输网络的整体安全态势进行数据采集分析，并且进行日志采集分析，分析处理其所存在的安全威胁，并进行全方位的检测追溯和预警。进一步构筑好交通运输网络的信任体系，建立起可靠的信任关系，与用户完成交通信息交流。

提升交通运输网络安全信任体系建构技术。应当建立起完善的交通运输网络信任体系，在建立信任体系之前，应当与网络当中各重要信息网点达成统一的共识。共同合作，将信息网络的桥梁搭建起来，形成一体化的防护体系，共同提升综合安全防护和管控的水平。建立起交通外部设备的漏洞信息库，整合整个行业漏洞信息，建立起行业内部的漏洞库，可以帮助提高漏洞收集的速度和扩大分析漏洞的渠道。

提升交通运输基础设施及重要业务系统防护技术。想要进一步地落实交通运输网络安全结构的稳定性，就应当对交通运输基础信息系统进行更加合理的监督和防护。国家对此也有着具体的要求，应当对基础信息支撑系统以及公路交通中的关键信息和防护控制系统，整个城市交通运输的重要控制系统进行一体化的防护。通常来说交通信息的基础设施不仅包括常见的公路交通、航天交通等等，除此之外，在各个领域也有着许多新型的交通设施产品。应当根据规范的要求，研发出符合应用标准的设备产品，建立起行业内部一体化的保障目标，提升核心保障能力。在安全防护的技术方面，应当结合当下的实际需求，设计并采用更加合规的模型和安全架构，形成合理的风险管理系统和安全运维子系统，对安全事件进行可靠的管理。

运用更多智能交通的前沿网络安全技术。对于交通运输业的网络安全需求，如今已经有了非常多可靠且有效的技术，是能够应用在交通运输方面的智能信息化网络安全技术。例如基于分布式特征的交通运输网络探针的技术，这种技术适用于交通行业的场景，因为交通行业往往存在着面广线多的情况，同时基站分点的数量较多，外部的设施种类复杂。采用分布式、流式数据的处理框架，可以把整个交通运输网络运行过程当中出现的网络安全的事件，关联分布到各个处理节点，能够提高处理事件的速度。并且能够及时处理异常的行为，在面对预存的安全威胁场景时，也能及时采取准确的办法完成网络安全攻击的处理。此外，前沿的网络技术还包括传感器控制技术、云端系统技术、大数据流等等操作技术，这些不同的前沿网络安全技术，可以帮助整个交通运输系统实现持续性的实时监测，并且与各个节点之间相互联动，达到快速响应的效果，能够及时处理网络安全事件。保证整体的网络安全集成环境能够顺利运转，满足交通运输系统网络的各层的安全需求。

交通运输网络应用的技术还存在着一定的风险，交通运输网络的应急防范和挖掘数据的技术能力仍存不足。针对这些问题，需要采用更加合理的办法去解决。应当有效地加强网络安全态势感知和监测预警技术的应用，并且提升交通运输网络安全信任体系技术，还需要提升交通运输基础设施及重要业务系统的防护技术，应用更多的智能交通，前移网络安全技术，已达到保护交通运输网络的核心安全的目的。

第二节 交通运输网络安全技术创新

交通运输是国民经济中基础性、先导性和战略性产业，通过近30年的发展，在基础设施建设、行业协同管理、智能管理与服务等方面都取得了长足发展。随着物联网、大数据、人工智能、"互联网＋"等新技术的推广应用，交通运输应用环境已步入一个新的网络安全环境。交通行业高度重视基础设施及网络安全等相关工作，并取得了显著成果。交通运输关键信息基础设施及核心业务系统一旦遭到破坏，则会导致功能丧失或者数据泄露，严重危害国家安全、国计民生和公共利益。2017年交通运输部组织认定了一批网络安全技术的行业研发中心，中心围绕网络安全态势感知与监控预警、网络安全信任体系、网络关键信息基础设施防护和行业前沿技术等方面开展共性关键技术和先进适用产品的研发。针对当前交通运输行业网络与信息安全标准总量、质量尚不能满足行业发展需求等关键问题，中心提出一套基于信用的交通运输网络安全治理体系，采用新架构、新模式、新技术，借助网络安全信任技术体系，构建安全可信的业务应用环境。

一、亟待解决的关键问题

针对我国交通运输信息系统的攻击方式不断变化多样，当前交通运输网络安全亟待解决的关键问题如下：

（一）网络未知威胁感知技术能力有待解决

当未知威胁来临、内部威胁增多，网络边界逐渐模糊甚至消失后，以高级持续攻击（APT）为代表的未知威胁往往采用多种综合的攻击手法。面对日渐增多的高级威胁，传统安全防护产品无法做到有效地发现，进而失去防御能力。

（二）交通运输网络尚未构建自主可控的网络安全信任体系

传统的网络信任体系核心存在单点故障风险，并不适用于未来交通运输网络的安全控制。因此，探索一套适用于交通运输网络信任体系的核心技术至关重要。

（三）借助新型交通运输多源异构网络安全关键技术来应对新技术新业态场景下的网络安全新威胁

目前，营运车辆漏洞挖掘技术亟待突破，提升营运车辆网络安全防护水平和智能交通网络跨平台认证技术迫在眉睫。现阶段，车辆接入认证、车辆与平台认证通信以及车联网 PKI 体系与交通运输网络 PKI 体系跨平台认证尚未开展研究。

（四）发挥现有行业研发中心的科研协同，提升交通运输行业网络安全方面成果转化与产业化能力

交通运输网络安全研究涉及网络安全基础、交通新型网络、交通运输专业等众多领域。业内的科技力量整合不够，没有形成应有的合力。行业内缺乏网络安全技术人才，导致交通运输网络安全领域的专业人才匮乏，专业性不够。

二、推动行业研发科研协同

（一）承担关键技术研究与开发

1. 在交通运输网络安全态势感知与监测预警技术方面，形成规模化的交通运输网络安全威胁情报资源库。

研究内容包括基于分布式特征的交通网络探针技术、基于交通大数据的安全态势分析技术、基于多源数据融合的安全事件预警技术等的开发；交通运输网络安全漏洞库、大数据威胁分析系统、实时态势监测系统、主动预警响应系统、行业网络安全检查装备等相关产品的研发；交通运输行业全网一体化安全态势实时感知、在线监测、预警处置和可视化管理能力的实现。

2. 在交通运输网络安全信任体系技术和关键设备研发方面，建成以国产密码技术为基础的行业统一网络安全信任体系。针对交通运输行业跨区域出行、快速移动等典型特征，研发中心需要在基于区块链技术的网络信任架构、基于 IBE 的可信身份标识技术、敏感信息隐私保护技术等方面形成关键技术突破；研究基于国家根信任源建立交通人员统一身份认证系统、基础设施设备统一接入认证系统；研发嵌入式安全标识模块；实现交通参与主体的可信环境构建，使交通运输网络具备身份鉴别、授权管理和责任追溯能力。

3. 在交通运输网络关键信息基础设施防护技术和设备方面，建成交通运输网络关键信息基础设施防护技术体系。针对传统交通信息系统，研发中心需要在网站安全、网络关键信息基础设施防护技术体系等方面形成关键技术突破。研发中心重点研究基

于事件驱动的网站安全防护技术，开发网站云检测系统；面向特长隧道的消防和通风控制设施安全防护设备、公路交通广播的安全防护设备和基于交通云平台的安全交换设备等进行研究和开发。

（二）推动成果转化和示范应用

研发中心应充分发挥行业的桥梁和纽带作用，推进交通运输网络安全新知识、新技术、新工艺和新产品在交通运输行业的试点、示范和推广应用；以行业需求为导向，以企业为主体，逐步形成完善的交通运输网络信息安全产业链；通过国家和行业下达的技术开发以及标准、规范、工法制修订等任务，依托行业标准化技术委员会、交通产业联盟等优质资源，开展行业网络安全技术国际标准、国家标准、行业标准和团体标准的研究和制修订工作，构建行业网络安全标准化平台；为交通运输网络安全规划、建设、运营的规范性、一致性和合规性提供决策依据，实现相关技术成果的转移和扩散。

三、技术创新的关键内容

（一）网络安全态势感知与监测预警技术

研发中心需开展交通运输网络安全漏洞库、大数据威胁分析系统、实时态势监测系统、主动预警响应系统、行业网络安全检查装备等相关产品的研发工作。通过交通运输网络态势感知关键技术的研究及相关产品的研发，可及时发现交通运输网络中的异常事件，实时掌握网络安全状况，降低网络安全风险，实现交通运输行业全网一体化安全态势实时感知、在线监测、预警处置和可视化管理的能力。

交通运输网络安全态势感知与监测预警以交通运输网络管道侧数据采集分析技术、主动探测技术、日志采集为核心，利用云端态势感知多种威胁分析引擎，研究联动安全检测体系；结合特征识别技术、行为模式识别技术、应用层网关识别技术，对交通运输网络安全威胁进行全方位检测、处置、追溯、预警。

（二）网络安全信任体系技术

网络信任体系就是在网络上建立的信任关系，该体系将所有活动的实体通过信任关系连接起来，记录各实体的历史表现，并维护这种信任关系。网络信任体系的核心关注点为：①建立可靠的信任关系，信息交流各个阶段的保密性应该得到保证。②为网络用户提供风险规避的手段，为信息交流提供责任追究手段。

（三）基础设施及重要业务系统防护技术

国家《网络安全法》要求，对交通运输基础信息支撑系统、公路关键信息与安防控制系统、城市轨道交通关键信息与控制系统、航运关键控制系统打通信息壁垒，形成一体化的防护体系，使交通关键信息基础设施具有综合安全防护与管控能力。

在信息基础设施、公路交通、轨道交通、航运等领域选取典型企业典型系统，开展新技术、新产品的现场应用。推动关键信息基础设施网络安全技术的发展，形成可推广的行业应用模式。根据示范应用的反馈对产品进行改进和升级，并在行业内进行产业化推广，逐步建成行业一体化的综合保障能力。

（四）智能交通前沿网络安全技术

作为车辆感知能力的有效延伸，交通运输网联化是未来趋势，也是未来交通信息安全研究的重点之一。以风险为导向，IT 与 OT 的信任链关系为基础，安全策略为指导方针，对安全配置管理、安全监控与分析、通信与接口防护、终端防护、数据防护贯穿整个车联网的组件控制、传感器控制、应用系统、数据流、操作系统、云端系统等进行开发研究，保证车联网系统面临威胁时，系统可以持续监测、协同联动、快速响应。按照通用的"端""管""云"、新兴的外部生态系统以及全生态安全检测开展研究智能网联汽车安全防护技术，探索建立智能网联汽车 TSP 云平台的安全控制及合规模型以及新一代的自适应安全架构。根据 ISO 27001、COBIT、ITIL 等标准及相关要求，制定覆盖安全设计与获取、安全开发和集成、安全风险管理、安全运维管理、安全事件管理、业务连续性管理等方面的安全规范和流程。通过 PKI 等机制对用户身份进行标识和鉴别，部署严格的访问控制策略，构建良好的安全实现机制，保障系统的良好运转，以提供满足各层需求的安全能力。

交通运输网络安全技术行业研发中心是科研协同的重要载体，将带动一批企业、高校加入交通运输网络安全技术研发工作。交通运输关键信息基础设施是行业的核心保障目标，也是国家安全战略的重要组成部分。行业研发中心的科研协同将为关键信息基础设施提供先进的防护技术和创新的保障思想，保障行业核心网络安全，提高交通运输网络安全主动防护能力，为保障公众利益、社会稳定和国家安全提供有力支撑。

第三节　基于 5G 的智慧交通信息安全体系

随着 5G 时代的来临，融合了人工智能、云计算、大数据、移动互联等信息技术的智慧交通进入快速发展阶段。本节首先介绍了智慧交通的基本概念、背景与关键技术；接着，从信息安全、网络安全、数据安全层面分析了智慧交通信息系统各个环节存在的安全问题；最后，根据信息系统的安全起点提出了 5G 智慧交通信息系统安全体系应分别从安全管理和安全技术两个方面着手。本节提出了安全管理应以人为本，用自上而下的方法建立合法、合规，能高效地执行安全运营与预警响应的模型；提出了安全技术应从系统的分层架构着手，从网络安全、终端安全、云计算安全三个技术层面树立和定义其参考执行规范。针对当前产业界及研究机构对安全体系建设均处于探索阶段，该文基于顶层设计提出了创新的安全管理模型及分层的安全技术架构。

一、5G 智慧交通概述

（一）智慧交通

城市建设，交通先行，交通是城市经济发展的动脉，智慧交通是智慧城市建设的重要构成部分。在城市化进程中出行需求急剧攀升，由此带来的拥堵、事故、空气污染、运输效率低下等问题，亟待更智能的交通运行系统来发现并解决。我国公安部交管局在"关于深化城市道路交通管理警务机制改革现场会"明确提出，要主动拥抱大数据、云计算、物联网、人工智能等新技术，积极构建适应新时代城市交通治理的新模式，不断提升城市道路交通治理科学化、精细化、智能化水平。

实现交通强国，必须在夯实交通基础设施的同时，强化智能交通的创新引领作用。国务院在 2017 年下半年颁布了《新一代人工智能发展规划》和《国务院关于进一步扩大和升级信息消费持续释放内需潜力的指导意见》，明确提出"加强车载感知、无人驾驶、车联网、物联网等技术集成和配套""推动智能网联汽车与智能交通示范区的建设，发展辅助驾驶系统等车联网相关设备"的要求。5G 智慧交通信息系统基于 5G 通信技术并融合智能交互、自动控制、对外通信、人工智能等各类技术的综合型科技产品，解决目前城市交通存在的痛点问题以及高级辅助驾驶在实现过程中存在的问题：包括提高出行安全、提升出行效率、降低自动驾驶成本。

（二）5G 与智慧交通

5G 移动网络的特性完美契合了智慧交通信息系统的不同业务场景，例如，智慧交通、车联网、车路协同等应用存在大量的车载、路侧设备接入需求；自动驾驶、远程驾驶对环境感知、远程控制等场景要求网络时延达到毫秒级，远程驾驶的高清视频、AR/VR 应用要求移动网络带宽足够大，这些不同的场景需求对 5G 网络的智能性及灵活性提出了较高的要求。国际电信联盟（ITU）根据应用需求不同，对 5G 主要应用场景及关键性能指标进行了分析归纳，包括增强型移动宽带（eMBB）、大规模机器类型通信（mMTC）、超高可靠和低时延通信（uRLLC）三大特征以及峰值数据传输速率、用户体验数据传输速率、时延等八大关键性能指标。

（三）车路协同

车路协同 V2X（Vehicle to Everything）通信技术是实现环境感知的重要技术之一，

与传统车载激光雷达、毫米波雷达、摄像头、超声波等车载感知设备优势互补，为自动驾驶汽车提供雷达无法实现的超视距和复杂环境感知能力。目前常见的 V2X 有四大类：① V2V—车与车通信；② V2P—车与人通信；③ V2I—车与道路基础设施通信；④ V2N—车与云端网络通信。

（四）云计算

云计算是智慧城市、智慧交通、大数据、车联网、物联网、人工智能等新兴技术的信息基础设施，云计算以其低成本、便捷化、可扩展性高等特征，为大数据、物联网、人工智能的发展提供了切实的技术保障。

云计算的服务类型可分基本为三种：基础设施即服务 IaaS、平台即服务 PaaS 以及软件即服务 SaaS。

二、5G 智慧交通面临的安全问题

在新技术环境下，国家政治、经济、军事、文化、社会的高效运转与信息网络系统捆绑更加紧密，网络空间安全威胁的深度和范围也进一步加剧，意味着各种新技术的风险对国家和社会造成的损害可能性更大。

目前，信息安全、网络安全、数据安全之间不再是纯粹的包含关系，它们之间的边界越来越模糊。安全的攻防是一个系统工程，需要综合运用信息技术、网络技术和数据安全技术，实践中需要根据安全威胁实际影响的范围将各种安全领域中的人员都加入进来。网络空间安全（Cyber Security）的概念就是将这些安全领域整合起来。通常，广为人知的网络安全就是网络空间安全的简称，而不仅仅指网络（Network）相关的安全问题，例如发布于 2016 年的《中华人民共和国网络安全法》的官方英文译法就是 Cyber Security Law of the People's Republic of China。如果没有特别说明，本文中出现的网络安全即为网络空间安全。

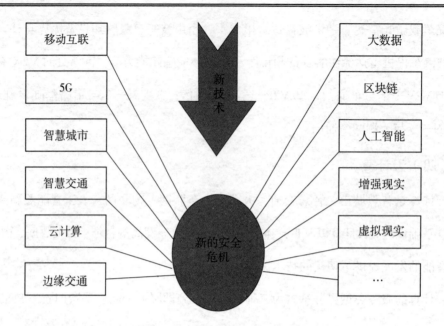

移动互联

5G

智慧城市

智慧交通

云计算

边缘交通

新技术

新的安全
危机

大数据

区块链

人工智能

增强现实

虚拟现实

……

图 6-1　新技术带来新的安全危机

基于上述描述，智慧交通信息系统需要路侧和车载设备基于 5G 大带宽 / 低时延的特性进行信息传输、多级云计算和边缘协同计算而提供安全可靠的信息计算服务和网络服务。

(一)5G 安全问题

5G 支持使用超高速、低时延的电信通信技术用户服务和机器对机器的网络通信，满足智慧交通的最小典型场景要求。5G 在采用 SDN(软件定义网络)、NFV 网络功能虚拟化等技术提升性能的同时，也带来了众多安全问题。

5G 基于边缘云计算的高度数据可访问性并可以被海量的交通参与者共享，确保高度安全的网络变得越来越重要，同时需要 5G 提供强大的、灵活主动的机制来检测和预防安全性问题。5G 提供的丰富场景服务将实现人、物和网络的高度融合，全新的万物互联时代即将到来，但是现实空间与网络空间的真正连接也将带来空前复杂的安全问题。各标准化组织和企业联盟达成的共识是，安全需求必须作为系统演进的一部分贯穿于整个 5G 系统的部署与技术更新中。

（二）终端安全问题

1. 路侧单元安全问题

路侧单元（RSU）面临的风险主要包含：

（1）物理访问接口（GE、FE 等）风险：通常通过有线接口与交通基础设施及边缘云上的业务平台交互。攻击者可以利用这些接口接入路侧终端设备，非法访问设备资源并对其进行操作和控制，从而造成覆盖区域内交通信息混乱。

（2）无线访问接口（UU、PC5 等）风险：UU 口存在蜂窝通信接口场景下的安全风险，例如假冒终端、伪基站、信令 / 数据窃听、信令 / 数据的篡改 / 重放等；PC5 口存在短距离直连通信场景下的安全风险，例如虚假信息、假冒终端、信息的篡改 / 重放、隐私泄露等。

（3）运行环境风险：路侧终端中会驻留和运行多种应用、提供多种服务，也会出现敏感操作和数据被篡改、被伪造和被非法调用的风险。

（4）设备漏洞：路侧终端及其附件可能存在安全漏洞，导致路侧设备被安全控制、入侵或篡改。

（5）远程升级风险：通过非法的远程固件升级可以修改系统的关键代码，破坏系统的完整性。

（6）部署维护风险：路侧终端固定在部署位置后，可能由人为因素或交通事故、风、雨等自然天气原因导致调试端口或通信接口暴露或者部署位置变动，降低了设备的物理安全防御能力，使其被非法破坏和控制成为可能。

2. 车载终端安全问题

车载终端面临的风险主要包含：

（1）物理访问接口风险：攻击者可能通过暴露的物理访问接口植入有问题的硬件或升级有恶意的程序，对车载终端进行入侵和控制。

（2）无线访问接口（UU、PC5、蓝牙等）风险：与路侧终端相似，攻击者可以通过无线接入方式对车载终端进行欺骗、入侵和控制。

（3）其他风险：访问控制风险、固件逆向风险、不安全升级风险、权限滥用风险、系统漏洞暴露风险、应用软件风险以及数据篡改和泄露风险等。

（三）云计算安全问题

1. 云计算常见安全问题

基于云平台的智慧交通信息系统业务应用以蜂窝通信为基础，面临的主要安全风险包括：可靠性、安全边界不清晰、假冒用户、假冒业务服务器、非授权访问以及数据安全。

2. 边缘云计算安全问题

目前关于边缘云安全的探索仍处于产业发展的初期，缺少系统性的研究。

边缘云计算面临的风险主要包含：不安全的通信协议、数据易被损毁、隐私数据保护不足、不安全的系统与组件，身份、凭证和访问管理不足、账号信息易被劫持、不安全的接口、易发起分布式拒绝服务攻击等问题。

三、5G 智慧交通信息系统安全体系建设思路

5G 结合智慧交通信息系统涉及 5G 移动网络、交通基础设施、车载和路侧终端、5G 边缘计算、云计算、大数据、人工智能等方方面面的建设，系统的高度复杂性带来了安全建设的复杂性。因此，必须采用一套行之有效的安全治理方案，从决策层到技术层，从政策环境、制度、人员、流程、研发到工具支撑，自上而下贯穿整个组织架构的完整链条。企业组织内的各个层级之间需要对安全治理的目标和宗旨取得共识，面向信息安全、网络安全、数据安全确定合理和适当的措施，持续设计、研发、验证与改进技术方案，以最有效的方式保护智慧交通信息系统的资源，确保系统上线后的安全运营。

建设信息系统的安全体系必须有一个安全起点。安全起点通常会采用 CIA 三元组来表示，即机密性（Confidentiality）、完整性（Integrity）和可用性（Availability），它们通常被视为安全基础结构的主要目标，因此术语 CIA 三元组（CIA Triad）被

普遍引用视为安全要素（见图 6-2）。

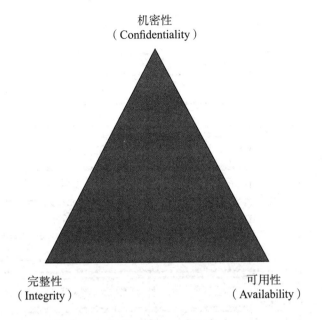

图 6-2　CIA 三元组

通常对安全控制进行评估的方式是如何很好地解决这三个核心信息安全原则，总体而言，完整的安全解决方案应充分解决这些原则。根据漏洞和风险对 CIA 三元组原则中的一项或多项构成的威胁来评估漏洞和风险。因此，它们被用作判断与安全性相关的所有事物的准则。CIA 三元组原则被认为是安全领域中最重要的，每个特定原则对特定组织的重要性取决于组织的安全目标和要求以及组织的安全受到威胁的程度。智慧交通的系统建设应权衡这三个原则作为考察目标。

基于上述内容，笔者基于云计算平台技术提出了一种包括感知层、网络层、云计算服务层的 5G 智慧交通信息系统总体架构，并针对系统在各个层次中的主要业务提供了应当重点关注的安全工作。GB/T 22239—2019《信息安全技术网络安全等级保护基本要求》作为构建应用软件开发安全体系的主要依据，主要从管理要求和技术要求两方面对应用软件安全保障体系进行了规范。GB/T 28452—2012《信息安全技术应用软件系统通用安全技术要求》明确了应用软件在设计与实现过程中的安全技术要求，从应用软件生存周期管理要求及应用软件系统安全技术要求两方面构建应用软件的安全框架。见图 6-3，以下根据笔者的实际工作经历，从安全管理出发、自上而下地梳理 5G 智慧交通信息系统中安全体系建设工作，并提出相关安全技术方案。

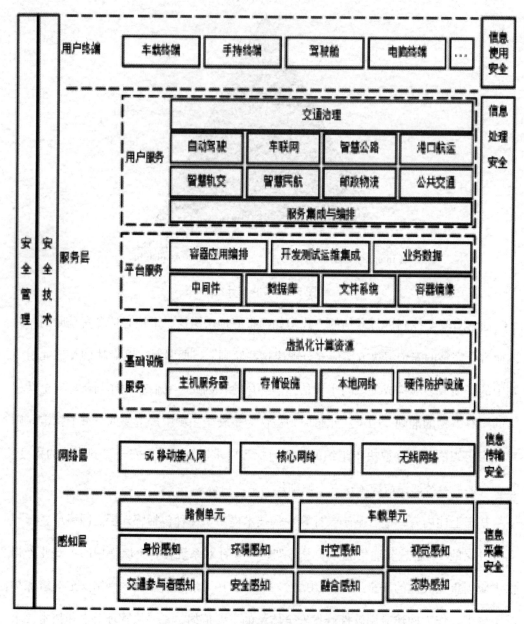

图 6-3　5G 智慧交通信息系统总体架构

（一）安全管理

追根溯源网络空间的安全问题，还是需要解决对抗中的攻防问题。在真实世界中的攻防，无论是发生在物理世界，还是网络的虚拟空间，操纵各类网络硬件、系统、数据、应用等工具的终归还是人。这使得在具备了相同资源的情况下，人的因素是能把安全问题解决得高下立判的决定性因素。只有从以人为本的思路出发进行安全管理建设，才能开展后续的信息、网络、数据等安全建设。

解决安全管理计划最有效的方法之一是使用自上而下（top-down）的方法。上级或高级管理层用来负责启动和定义组织的策略，安全策略为组织层次结构的所有级别提供指导；中层管理人员有责任将安全策略充实为标准、基线、准则和程序，运营经理或安全专业人员必须执行安全管理文档中规定的配置；最后，最终用户必须遵守组织的所有安全策略。

智慧交通信息系统的安全建设发展，需要从顶层设计开展信息的安全管理，以国家的法律法规、各级政府、组织机构和企业的政策方针为核心，制定组织级别的安全策略与制度；获得组织内部发起人对安全体系建设的支持，建立组织内的安全行动纲领，明确组织各级职责范围；从人员管理层面建立企业的安全人员培养与考核制度；从系统建设管理层面建立安全合规的工作流程，并同步整个系统开发生命周期中的安全评估与修复状态；从安全服务与系统运维层面建立管理和响应机制。建立一个安全管理中心，为系统的运行建立安全运营与态势感知的安全系统，以高效地执行安全运营与预警响应工作。具体的安全管理体系模型如图 6-4 所示。

1. 安全综合管理控制域

安全综合管理控制域面向企业网络信息系统的安全提供综合管理办法与业务执行流程。①法律法规和行业监管。②规范性文件。③行业规范、标准、指南。

2. 安全运行监测控制域

安全运行监测控制域在网络信息系统运行时提供一个安全管理中心系统，支撑组织的安全运营管理和系统的安全态势感知。

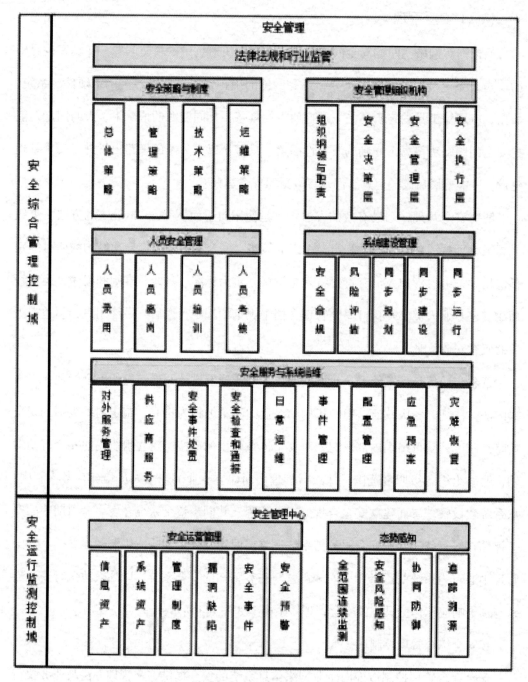

图6-4　安全管理体系

（二）安全技术

5G智慧交通信息系统的安全技术包括安全功能技术及安全防护技术，其中，安全功能提供了用户身份鉴别、抗抵赖、访问控制、安全审计、数据完整性保护、数据保密性保护、备份与恢复等技术。

1. 网络安全

（1）物理网络安全

物理网络的安全防护主要包括：

①边界防护：在不同区域之间部署防火墙进行边界防护，还可以针对不同的安全域之间实际的通信业务／流量部署对应的安全设备。

②防火墙：防火墙是安全域隔离和网络层防攻击能力的主设备。针对 5G 网络，在经过运营商／互联网互通的接口使用双重异构防火墙；采用 IP 专网进行互通的安全域通过内网互通域之间的防火墙进行互访控制；在边缘云或核心云系统内部可采用 DMZ(隔离区)、内网防火墙等方式对信息系统内部网络进行隔离，避免攻击者进入网络内部后能够全局访问任何服务器或主机系统。

③身份认证：确保所通信的网络实体（如车载终端、路侧单元、无线基站等）、所调用的组件、所执行的代码等是合法可信的。

④通信加密：身份认证可以防御仿冒攻击，但无法防御通信链路被窃听。通信加密可以弥补身份认证的不足，保障路侧终端、车载终端、边缘云、核心云之间的通信传输的安全等。

（2)5G 安全

SDN 系统多数部署在数据中心。由于数据中心底层的协议众多、运行在其上的 IaaS 和 PaaS 服务不免有漏洞存在，建议的 SDN、NFV、NSSF 切片的安全防护措施主要包括：身份认证、边界防护、防火墙、通信加密、异常行为检测、访问控制以及基于切片的安全隔离等。

2. 终端安全

（1）路侧终端：路侧终端 RSU 内部运行操作系统具有一定的计算能力。应支持身份认证、边界防护、通信加密、异常行为检测、访问控制的安全防护策略和技术。在通信信息加密场景下可采用安全级别较高的 AES256、国密 SM1/SM4 对称加密算法对信息进行加密；在通信链路加密场景下，可采用安全级别较高的 RSA2048，国密 SM2 非对称算法实现 TLS，并采用 SHA256、国密 SM3 算法支持信息、数据或 OTA 文件摘要 / 签名 / 完整性校验；在必要的时候，RSU 可通过安全加密链路 TLS 交换对称密钥，或更新 RSU、服务端的证书；RSU 在开放 WIFI 与经常运营维护终端通信时，应采用 WPA2-PSK 及以上加密方式，密码长度设置为 8 位以上，使用特殊字符等方式符合复杂性原则；其他类型的路侧感知设备、交通基础设施设备如果不具备操作系统或具有较小的算力，应视情况选择前述的安全防护措施。

（2）车载终端：与路侧终端的安全防护措施级别相同；由于车载终端 OBU 通过 C-V2X 无线技术，由 UU 口与边缘云进行 5G 通讯，其方式可能会被伪基站、假冒服务端攻击，应加强身份认证的防护；在采用蓝牙与用户设备通信时，应设置 8 位以上包含特殊字符复杂密码。

3. 云计算安全

5G 智慧交通信息系统通过区域 / 边缘云提供接近用户地理位置的业务服务，通过核心云提供对运算力要求高的交通 AI、大数据预测服务。两者在安全防护技术和措施上只有因为业务的变化而带来的较小差别。

（1）IaaS 层

① 主机安全：从安全管理角度对主机所在机房进行安全建设和运营。根据云平台支撑业务的重要程度考虑是否建设异地容灾环境，执行常规的安全审计、安全巡检、应急演练、灾难恢复演练等工作。技术上加强物理主机的身份认证、访问控制等措施对主机系统的弱点做加固管理，部署防病毒系统，执行常规的补丁升级及时修复主机系统的漏洞，配置主机的安全基线。

② 网络安全：通过防火墙、VLAN、安全组划分安全区域、部署 IDS/IPS/DDOS 防御系统；边缘云区域重点关注 UPF、SDN、NFV、切片的安全防护；核心云区域重点关注 SDN、NFV、NEF 的安全防护。

③ 虚拟化安全：主要包括通过虚拟防火墙、VLAN、安全组划分安全区域，执行

Hypervisor 加固、虚拟机隔离、虚拟机快照备份、虚拟机运维监控预警等措施。

（2）PaaS 层

① 容器安全：主要包括容器的镜像和集群用户访问控制、容器中间件等措施。

② 运维安全：主要包括中间件应用服务器、数据库集群的安全加固、补丁升级、漏洞修复、运维监控预警等措施；对数据加强访问控制、存储加密、数据租户级别的隔离、数据／日志的隐私脱敏、数据防泄露等措施。

③ 应用防控：主要包括云平台的集中化访问管理以及针对上层 SaaS 应用的安全防护。

（3）SaaS 层

应用安全。在边缘侧和核心云侧开发并部署一套分布式、面向用户与车载／路侧设备提供统一认证鉴权的应用，结合信息加解密技术（例如 AES256、国密 SM1/SM4 等）保证信息、信息通信链路加密技术（TLS1.3，需 RSA2048 或国密 SM2 非对称密钥交换、SHA256 或 SM3 签名算法支持），提供基于 OAuth2 的认证与会话管理，进行 API 资源级别的访问控制，防止非法用户越权访问数据，通过操作日志记录和审计每个业务或系统用户的关键操作、重要行为、业务资源使用情况等重要事件，并提供操作记录审计的查询、统计、分析功能；在 API 接口中避免不安全的方法和 IP 端口；对系统代码、运行库和框架进行自动化的扫描检测，自动产生 Bug 记录以推荐研发人员快速修复代码库层面的安全漏洞等。

目前，结合 5G 的智慧交通还处于探索和试验阶段，相对于传统的车联网和单一的信息系统，智慧交通信息系统采用了 5G 移动技术、跨区域多级云计算、分布式计算技术，并需要接入、打通与融合多元异构路侧和车载终端之间的信息，其架构和系统非常复杂和庞大。对于智慧交通信息系统的安全体系建设，产业界和学术研究机构都还在探索和试点中。本节主要针对 5G 智慧交通信息系统的概念、架构和主要技术层面的安全威胁进行了分析，基于安全顶层设计提出了安全管理建设思路，基于 5G 智慧交通信息系统的整体技术架构提出了分层的安全技术架构的建设思路。随着我国智慧交通相关产业的快速发展，配套的 5G 移动网络、V2X 或自动驾驶的终端、云计算等技术将越来越趋向标准化，智慧交通的安全体系也必然会进一步成熟，对于有效全方位保障智慧交通信息系统建设与运行起到至关重要的作用。

参考文献

[1] 陈彪 . 信息与网络空间安全 2016[M]. 上海：上海科学技术文献出版社 .2017.

[2] 初景利 . 网络用户与网络信息服务 [M]. 北京：海洋出版社 .2018.

[3] 陈彪 . 信息与网络空间安全 2015[M]. 上海：上海科学技术文献出版社 .2016.

[4] 张圆圆，汪光焘，陈小鸿 . 道路网络结构的交通安全分析方法 [M]. 上海：同济大学出版社 .2018.

[5] 丁小兵 . 轨道交通信息系统与数据处理 [M]. 北京：中国铁道出版社 .2018.

[6] 李晓林，方振龙 . 城市轨道交通网络通信基础 [M]. 北京：北京理工大学出版社 .2018.

[7] 雷蕾，吴昊 . 轨道交通宽带移动通信网络 [M]. 北京:北京交通大学出版社 .2018.

[8] 杨建伟，李熙，姚德臣 . 城市轨道交通车辆电器与装备 [M]. 北京：中国铁道出版社 .2018.

[9] 田翠华 . 基于 GT4 的物联网交通信息服务仿真研究 [M]. 厦门：厦门大学出版社 .2017.

[10] 于德新 . 交通工程学 [M]. 北京：北京理工大学出版社 .2019.

[11] 何杰 . 物流信息技术：第 2 版 [M]. 南京：东南大学出版社 .2017.

[12] 陈国华 . 安全管理信息系统 [M]. 北京：国防工业出版社 .2007.

[13] 邵哲平 . 海上信息采集与处理 [M]. 大连：大连海事大学出版社 .2017.

[14] 杨航征 . 大学生安全教育 [M]. 西安：陕西师范大学出版社 .2012.

[15] 王彬，蹇华亭，汪姗姗 . 中职生安全教育 [M]. 成都:西南交通大学出版社 .2018.

[16] 敬枫蓉，饶华 . 网络文化研究论丛 第 2 辑 [M]. 成都：四川大学出版社 .2017.

[17] 金旺科 . 无线传感器网络密钥管理方案研究 [M]. 天津：天津大学出版社 .2018.

[18] 颜辉武，吴涛，王方雄 . 网络地理信息系统 [M]. 北京：测绘出版社 .2007.